河南财经政法大学 | 中国（河南）自□
HENAN UNIVERSITY OF ECONOMICS AND LAW | 自 由 贸 易 试

U0587893

本书是教育部"东北亚地区形势分析、经贸合作动向及对我影响与政策建议（GBQY2022WT-26）"项目阶段性成果

东北亚国家经贸合作及其对中国的影响研究

杨新凤 / 著

The Study of Economic and Trade Cooperation
among Northeast Asian Countries and Its Impact on China

经济管理出版社
ECONOMY & MANAGEMENT PUBLISHING HOUSE

图书在版编目（CIP）数据

东北亚国家经贸合作及其对中国的影响研究/杨新凤著.—北京：经济管理出版社，2024.1
ISBN 978-7-5096-9603-3

Ⅰ.①东… Ⅱ.①杨… Ⅲ.①对外经贸合作—研究—中国、东亚 Ⅳ.①F125.531

中国国家版本馆 CIP 数据核字（2024）第 041001 号

组稿编辑：杨　雪
责任编辑：杨　雪
助理编辑：王　慧
责任印制：张莉琼
责任校对：蔡晓臻

出版发行：经济管理出版社
　　　　　（北京市海淀区北蜂窝 8 号中雅大厦 A 座 11 层　100038）
网　　址：www.E-mp.com.cn
电　　话：（010）51915602
印　　刷：唐山昊达印刷有限公司
经　　销：新华书店
开　　本：720mm×1000mm/16
印　　张：12.25
字　　数：213 千字
版　　次：2024 年 4 月第 1 版　2024 年 4 月第 1 次印刷
书　　号：ISBN 978-7-5096-9603-3
定　　价：78.00 元

"自由贸易试验区研究丛书"总序

　　建设自由贸易试验区是新形势下全面深化改革和扩大开放的重大战略举措，在我国改革开放进程中具有里程碑意义。作为深化改革开放的"试验田"和体制机制创新的"排头兵"，自由贸易试验区建设向世界展现出中国的开放大门越开越大的决心和信心。

　　自 2013 年 9 月设立中国（上海）自由贸易试验区以来，我国先后部署设立了 21 个自由贸易试验区和海南自由贸易港，形成了覆盖东西南北中的试点格局。10 年来，自由贸易试验区肩负着"为国家试制度、为地方谋发展"的使命，以制度创新为核心任务，以可复制可推广为基本要求，大胆试、大胆闯、自主改，聚焦投资贸易自由化便利化、金融开放创新、政府职能转变等众多领域进行一系列改革创新和大胆探索，着力构建市场化、法治化、国际化的营商环境，推进由商品和要素流动型开放向规则等制度型开放转变，很好地发挥了全面深化改革试验田的作用。

　　改革开放永无止境。党的二十大报告提出，实行更加积极主动的开放战略，加快推进自由贸易试验区、海南自由贸易港建设，扩大面向全球的高标准自由贸易区网络。新时期，中国自由贸易试验区改革创新逐步进入"深水区"，改革创新任务更为艰巨，需要更加深入推进制度型开放，更大力度破解制约高质量发展的政策制度障碍，更加深入探索新的制度来解决新发展阶段出现的各种问题，着力建设高水平开放型经济新体制，发展更高层次开放型经济。

　　快速发展的中国自由贸易试验区迫切需要自由贸易试验区建设理论和实践上

的创新与突破。在开展自由贸易试验区理论和实践研究、为自由贸易试验区建设提供智力支撑方面，智库也应该发挥重要作用。作为智库，需要及时跟踪研究自由贸易试验区建设进展，总结和理论化其开放理念、模式与战略上的创新经验；同时立足新时期自由贸易试验区建设的新使命、新任务，开展前瞻性、预判性、储备性政策和制度创新研究，为推动中国自由贸易试验区高质量发展提出系统、科学的决策建议。这一考虑，就是我们编写和出版"自由贸易试验区研究丛书"的初衷。

这套丛书聚焦全国自由贸易试验区建设，紧扣国家战略需要，对自由贸易试验区治理、外向型经济发展、制度型开放、法治化建设、区域协同发展、国际合作战略等自由贸易试验区发展中的重大问题领域进行集中探讨，深度挖掘自由贸易试验区建设的理论逻辑、制度逻辑与现实逻辑，多学科、多视角推进自由贸易试验区的理论和实践创新。我们希望通过丛书的编写，能够助力中国自由贸易试验区加快建设成为新时代改革开放的新高地。

我们期待与学界同仁共同推进自由贸易试验区的理论研究，期待与国内外智库、研究机构的交流与合作。

河南财经政法大学

中国（河南）自由贸易试验区研究院执行院长

郭宏

2023 年 6 月 26 日

前　言

近年来，中国与东北亚五国的贸易往来日益频繁，备受关注。东北亚五国包括朝鲜、韩国、日本、蒙古国和俄罗斯①，这些国家地理位置相近、人口众多、经济总量巨大，对中国的经济发展和对外贸易有着重要影响。

首先，中国与东北亚五国的贸易往来日益频繁。中国与东北亚五国之间的贸易往来自古代丝绸之路时期就开始了。随着这些国家经济的不断发展和全球化的推进，中国与东北亚五国之间的贸易往来越来越频繁，逐渐形成了一个紧密相连的经济区域。在此期间，中国逐渐成为了这个区域的经济中心，贸易规模和投资额不断增加，为地区经济发展和合作提供了重要支持。

根据国际货币基金组织（IMF）公布的数据，2022 年，中国、日本、韩国、俄罗斯、蒙古国的 GDP 总量分别为 18.10 万亿美元、4.23 万亿美元、1.67 万亿美元、2.22 万亿美元和 168 亿美元，占世界 GDP 总额的 24%，约占全球经济总量的 1/4。

根据中国海关总署统计数据，2022 年全年，中韩贸易额为 3622 亿美元，同比增长 0.1%；中日贸易额为 3574 亿美元，同比下降 3.8%；中俄贸易额为 1902.72 亿美元，同比增长 29.3%；中蒙贸易额达 136 亿美元，约占蒙古国贸易总额的 65%，连续两年破百亿美元；中朝贸易额达 10.28 亿美元，同比增长 223.14%。可以说，以地缘关系为基础的东北亚经济圈的区域经济合作日益增

---

① 东北亚是指亚洲的东北部地区，按地理位置的分布，包括俄罗斯的东部地区（萨哈林岛等地），中国的东北和华北地区，日本、韩国、朝鲜及蒙古国。本书主要以国家而不是地区来讨论，所以书中除了中国外的东北亚国家指朝鲜、韩国、日本、蒙古国和俄罗斯五个国家。

强，其在亚洲乃至全球经济发展中的地位和作用越来越不容忽视。同时，中国与东北亚五国的贸易往来已成为中国对外贸易中不可或缺的一部分，这些国家对中国经济的发展非常重要。

其次，中国与东北亚五国的经济互补性较强。中国在制造业和基础设施建设方面占据优势，东北亚五国的自然资源、高科技产业和服务业也非常发达，双方可以相互补充和支持，实现互利共赢。

以中国与韩国的经济关系为例，韩国是中国最重要的贸易伙伴之一，两国之间的经济互补性非常强。韩国拥有许多高科技企业和研发中心，能够为中国提供高科技产品和技术支持，而中国则是韩国最大的出口市场之一，中国市场对韩国的经济增长具有重要的推动作用。

最后，东北亚五国对中国经济的影响逐渐增强。东北亚五国是中国重要的贸易伙伴，这些国家与中国的贸易往来在中国对外贸易中占据了重要位置。随着东北亚五国与中国的贸易规模不断扩大，贸易结构也越来越多样化。例如，根据中国海关总署和国家统计局的数据，2022 年中国全年货物进出口总额达到 420678 亿元人民币。其中，出口总额为 239654 亿元，进口总额为 181024 亿元。韩国、日本和俄罗斯是中国的主要贸易伙伴，其进出口贸易总额分别为 24086 亿元、23845 亿元、12761 亿元，分别位列中国进出口贸易规模第二位、第三位和第八位。俄罗斯是中国最大的能源供应国之一，为中国提供了大量的石油、天然气和煤炭等能源资源。

东北亚五国还是中国重要的投资目的地，对中国的对外投资和海外经济合作具有重要的推动作用。中国企业在这些国家投资了大量的资金，建立了众多的生产基地和销售网络，为中国的经济发展和对外贸易提供了坚实的支持。例如，根据商务部、国家统计局和国家外汇管理局联合发布的《2021 年度中国对外直接投资统计公报》，2021 年中国对韩直接投资流量约为 4.8 亿美元，较上年约增长 2.4 倍，截至 2021 年 12 月底，中国累计对韩直接投资存量达 66 亿美元，主要涉及电子信息、房地产、食品、化工、机械装备、医疗、交通仓储、环保等领域。对韩国的直接投资主要集中在服务业和制造业，其中服务业的投资申报金额占比较大，且以小额投资为主。

此外，随着"一带一路"倡议的提出和推进，中国与东北亚五国的贸易合作更加紧密。"一带一路"倡议为地区经济发展带来了新的机遇和挑战，为进一步深化中国与东北亚五国的贸易关系提供了重要的平台。

因此，对于中国与东北亚五国贸易关系的深入分析不仅可以为了解中国与周边国家的经贸合作状况提供重要的参考，还可以为掌握中国参与亚太地区经济合作的战略方向提供有力的支持。同时，研究中国与东北亚五国的贸易关系可以更好地理解区域经济合作的影响和作用，为未来区域经济合作的发展提供重要的参考和借鉴。

本书旨在深入研究东北亚国家之间的经贸合作，并探讨这些合作对中国经济的影响。尽管本书全面考察了中国、日本、韩国和其他国家的数据，但书稿的某些章节，特别是在特定标题下，可能会缺乏有关朝鲜的详细信息。

这并非是对朝鲜重要性的忽视，而是因为朝鲜的数据和信息获取存在独特的挑战。由于朝鲜的政治体制和信息封闭性，所以无法获得足够的准确数据。尽管如此，本书在分析其他国家的合作时，仍会努力提供尽可能全面的观点。

目 录

第一章
东北亚国家经贸形势现状与特点

一、东北亚经济概览

东北亚地区已经崛起为全球经济发展最活跃的区域之一。它如一颗璀璨的明珠，横跨亚洲东北部，闪耀在世界的东方。东北亚地区拥有丰富的自然资源，包括石油、天然气、煤炭、铁矿等，以及一流的工业和科技实力。这使得东北亚地区在经济发展方面具有得天独厚的优势，为世界各国所瞩目。

在这个区域里，中国、日本、韩国、朝鲜、蒙古国和俄罗斯等国家相互交织，形成了多元的社会和文化。自改革开放以来，中国通过不断深化改革、扩大开放，已经在全球范围内崭露头角，并在东北亚区域乃至全球的影响力日益扩大，成为了一个举足轻重的经济大国。

随着全球化和区域一体化的深入推进，东北亚地区的经济相互依存度不断加深。各国之间的经济合作和贸易往来日益频繁，形成了紧密的产业链和供应链。这种相互依存的关系不仅推动了该地区的经济增长，还为各国之间的友好合作奠定了坚实的基础。同时，在这个充满活力的区域里，新兴产业不断涌现，技术创新层出不穷。这为东北亚地区的经济增长注入了新的动力，也为各国之间的合作开拓了更广阔的前景。

（一）GDP 增长情况

从表 1-1 中可以看出，2010~2022 年，东北亚六国的经济总量呈现不同的发展趋势。中国的 GDP 总量稳步增长，从 2010 年的 6.09 万亿美元增加到 2022 年的 17.96 万亿美元。日本的 GDP 总量持续低迷，从 2010 年的 5.76 万亿美元下降到 2022 年的 4.26 万亿美元。韩国的 GDP 总量整体呈增长趋势，从 2010 年的 1.14 万亿美元增加到 2022 年的 1.67 万亿美元。蒙古国的 GDP 总量相对较小但保持相对稳定的增长，从 2010 年的 0.007 万亿美元增加到 2022 年的 0.017 万亿美元。俄罗斯的 GDP 总量有所波动，从 2010 年的 1.52 万亿美元增加到 2022 年的 2.24 万亿美元。

表 1-1　2010~2022 年东北亚国家 GDP　　　　　单位：万亿美元

年份	中国	日本	韩国	蒙古	俄罗斯	总计
2010	6.09	5.76	1.14	0.0072	1.52	14.52
2011	7.55	6.23	1.25	0.0104	2.05	17.09
2012	8.53	6.27	1.28	0.0123	2.21	18.30
2013	9.57	5.21	1.37	0.0126	2.29	18.46
2014	10.48	4.90	1.48	0.0122	2.06	18.93
2015	11.06	4.44	1.47	0.0116	1.36	18.35
2016	11.23	5.00	1.50	0.0112	1.28	19.02
2017	12.31	4.93	1.62	0.0115	1.57	20.45
2018	13.89	5.04	1.73	0.0132	1.66	22.33
2019	14.28	5.12	1.65	0.0142	1.69	22.76
2020	14.69	5.06	1.64	0.0133	1.49	22.89
2021	17.82	5.03	1.82	0.0153	1.84	26.53
2022	17.96	4.26	1.67	0.0171	2.24	26.15

注：表中数据不包含中国的香港、澳门和台湾地区。

资料来源：世界银行。

中国是 21 世纪增长最快的经济体之一，现已成为世界第二大经济体，2022 年的 GDP 达到 17.96 万亿美元（同年美国为 25.44 万亿美元）。随着中国"一带一路"倡议有效融合其外交和经济政策，我国在全球经济中发挥着越来越重要的作用。

表1-2显示了东北亚国家2010~2022年的年均GDP增长率情况。从表中可以看出，各国GDP增长率在不同年份有所波动。2010~2022年，中国的GDP增长率整体呈现下滑趋势。2010年，中国的GDP增长率高达10.64%，随后的几年中，虽然有所波动，但整体上呈现出逐年下降的趋势。尤其是在2020年，受全球疫情的影响，中国GDP增长率骤降至2.24%。2021年中国经济有所恢复，GDP增长率回升至8.45%，但到了2022年，再次降至2.99%。总体来看，中国在这段时期的经济发展速度有所放缓，但仍保持着一定的增长势头。

表1-2　2010~2022年东北亚国家GDP增长率　　　　　单位:%

年份	中国	日本	韩国	蒙古	俄罗斯
2010	10.64	4.10	6.80	6.37	4.50
2011	9.55	0.02	3.69	17.29	4.30
2012	7.86	1.37	2.40	12.32	4.02
2013	7.77	2.01	3.16	11.65	1.76
2014	7.43	0.30	3.20	7.89	0.74
2015	7.04	1.56	2.81	2.38	-1.97
2016	6.85	0.75	2.95	1.49	0.19
2017	6.95	1.68	3.16	5.64	1.83
2018	6.75	0.64	2.91	7.74	2.81
2019	5.95	-0.40	2.24	5.60	2.20
2020	2.24	-4.15	-0.71	-4.56	-2.65
2021	8.45	2.56	4.30	1.64	5.61
2022	2.99	0.95	2.61	5.03	-2.07

注：表中数据不包含中国的香港、澳门和台湾地区。

资料来源：世界银行。

日本的GDP增长率在2010~2022年表现相对平稳，但整体增长乏力。日本大部分年份的GDP增长率都保持在1%~2%，波动不大。其中，2011年的GDP增长率仅为0.02%，几乎可以视为停滞。在2020年，受全球疫情影响，日本的GDP增长率为-4.15%，是近年来的最低点。但在2021年，GDP增长率回升至

2.56%。随后，在2022年，GDP增长率再次下降，为0.95%。

韩国的GDP增长率在2010~2022年呈现波动下降的趋势。2010年，韩国的GDP增长率达6.80%，但随后几年中，增长率逐渐下降。尤其是在2020年，受全球疫情的影响，韩国的GDP增长率为-0.71%。尽管在2021年有所回升，达到了4.30%，但在2022年再次下降到2.61%。整体来看，韩国的经济增长速度在这段时期内有所放缓。

蒙古的GDP增长率在2010~2022年波动较大。其中，2011年和2012年的GDP增长率较高，分别达到了17.29%和12.32%，但随后几年中，增长率急剧下降。尤其是在2020年，受全球疫情的影响，蒙古的GDP增长率为-4.56%。尽管在2021年和2022年有所恢复，但整体来看，蒙古的经济增长在这段时间内经历了较大的起伏。

俄罗斯的GDP增长率在2010~2022年同样呈现出较大的波动。其中，2010年和2011年的GDP增长率保持在4%以上，但随后几年中，增长率逐渐下降。尤其是在2015年和2020年，俄罗斯的GDP增长率出现了负增长，分别为-1.97%和-2.65%。在2021年，随着全球经济的复苏，俄罗斯的GDP增长率回升至5.61%，但到了2022年，再次降至-2.07%。整体来看，俄罗斯的经济增长在这段时间内也经历了较大的波动。

（二）主要产业结构

1. 中国

中国产业结构演变历史：

1949年以来，我国产业结构经历了许多变化和调整，基本可以划分为四个主要阶段。[①] 其中，1949~1978年是一个重要阶段，该阶段以重工业为主的产业结构主导了我国经济的发展。在这一时期，我国经济由农业主导向工业主导转变，重工业逐渐成为国民经济的支柱产业。然而，由于过早地发展重工业，导致产业结构偏"重"，这与全球产业结构演变规律背离。

---

① 新中国产业结构发展演变历程及启示 [EB/OL]. 新浪财经网，[2019-09-16]，http：//finance. sina. com. cn/roll/2019-09-16/doc-iicezzrq6064294. shtml.

为了纠正这种偏向，在 1979~2000 年我国采取"五优先"战略，推动轻工业的发展，轻工业的增长速度明显提高，产业结构也从"二一三"型调整为"二三一"型，呈现优化升级的特征。在这个时期，我国经济保持高速增长，轻工业成为国民经济的支柱产业之一。除此之外，我国还采取了一系列措施来促进产业结构的升级和转型。例如，我国开始重视科技创新和人才培养，提高技术密集型产业的比重，加强对传统产业的改造和升级。这些措施的实施，使得我国产业结构逐渐向多元化和高附加值方向发展。

2001~2012 年，中国的产业结构经历了一次重要的转变，从轻工业主导转向重工业主导。随着经济的快速发展，我国开始注重重工业的发展，这使得重工业的比重不断提高，轻工业的比重则相对下降。同时，重工业内部结构也得到了优化，原材料工业、电子信息制造业和汽车工业等装备制造业的发展明显加快。这些行业的快速发展为中国的经济增长提供了重要支撑。

随着时间的推移，我国开始意识到产业结构升级的重要性。因此，自 2015 年以来，我国开始实施供给侧结构性改革，推动产业结构升级。在这个过程中，服务业开始发挥越来越重要的作用，成为我国产业结构的领跑者。国家统计局数据显示，2022 年，第三产业增加值比重达到了 52.8%，这表明服务业已经成为我国经济增长的重要推动力。同时，在新常态下，我国还提出了新发展理念，注重创新、服务、制造升级的产业结构。这些措施的实施既为中国经济增长提供了新动力，又提高了产业结构的整体质量和竞争力。

总体来看，我国产业结构的变迁是一部在全球经济潮流中不断演进的历史。初期，我国以重工业为引擎，实现了经济的快速增长。然而，为了调整产业结构，我国采取了倾斜发展轻工业的战略，推动轻工业崛起。随后，在经济新常态下，我国提出了创新、协调、绿色、开放、共享的新发展理念，通过供给侧结构性改革，逐步构建了以服务业为主导的现代化经济体系。这一演变既反映了我国在全球经济变迁中灵活应对的能力，也凸显了对可持续发展目标的不懈追求。总的来说，我国在追求绿色发展、创新引领和经济高质量发展方面取得了明显的进展。

在未来，我国需继续推动产业结构升级，加强技术创新和环保发展，以更好地适应全球经济发展的新要求，为可持续的经济增长创造更为坚实的基础。

中国产业结构变动趋势预测：

改革开放以来，中国的产业结构不断经历调整和优化。在这个过程中，中国遵循一般的产业结构调整规律，从最初的"二一三"模式，即农业、工业、服务业的比重依次递减，逐渐演变为"二三一"模式，即工业、服务业、农业的比重依次递减。最近几年，中国的产业结构进一步向"三二一"模式转变，即服务业、工业、农业的比重依次递减。

"十四五"期间，中国的产业结构将迎来更加深刻的转型和升级。一方面，受到乡村振兴战略实施和农产品价格上涨等因素的影响，第一产业的比重将继续下降。同时，在新一轮科技与产业变革的背景下，我国工业创新发展能力将大幅提升，高端发展态势逐步显现，绿色发展水平也将取得新进展。因此，"十四五"期末第二产业的比重将降至约35.5%（见表1-3）。

表1-3 "十四五"时期我国产业结构变动趋势预测 单位:%

产业 \ 年份	2019	2020	2021	2022	2023	2024	2025
第一产业	7.1	7.7	7.3	7.0	6.8	6.6	6.5
第二产业	38.6	37.8	37.3	36.9	36.4	36.0	35.5
第三产业	54.3	54.5	55.4	56.1	56.8	57.4	58.0

资料来源：尹伟华.2020年能源行业形势分析与2021年展望［J］.中国物价，2021（2）：15-17.

另一方面，在产业升级和城镇化水平、居民消费品质提升的推动下，我国服务业将迎来新的发展机遇。服务业在经济中的主导地位将更加凸显，"十四五"期末第三产业的比重预计将升至约58.0%（见表1-3）。

综上所述，中国在"十四五"期间将继续推动产业结构优化升级，以适应新时代的发展需求。第一产业的比重将继续下降，第二产业将向高端发展，而服务业将在经济中占据更重要的地位。政府鼓励技术创新、绿色产业、高端制造业等新兴产业的发展，以减少对传统重污染行业的依赖。这将为中国经济的持续发展注入新动力，实现高质量发展的目标。

2. 日本

明治维新以来，日本的产业结构经历了多次调整和升级。1954～1973年，日本致力于建立以重工业为核心的产业体系，以钢铁、石油化工、造船和现代纺织产业为主导，形成了"重大厚长"型的产业结构。这一时期的日本经济以出口导向型为主，通过出口原材料和初级产品，换取了大量的外汇储备，推动了国内工业的快速发展。但 20 世纪 70 年代的石油危机对日本的产业结构造成了巨大冲击。一些资源枯竭、劳动成本上升的行业逐渐成为夕阳产业，汽车、家电、机械、半导体等组装加工业逐渐崛起成为朝阳产业。这个时期的日本产业结构逐渐由"重大厚长"型变为"轻薄短小"型。

进入 20 世纪 80 年代以后，日本开始转变发展思路，注重自主研发，实施技术立国战略。这一时期，日本大量引进国外先进技术，并对其进行消化、吸收和再创新。同时，日本还加大对教育、科研等方面的投入，培养了大量高素质人才，为技术创新提供了强有力的支持。20 世纪 90 年代中期，日本的技术创新逐渐向科学基础研究倾斜，实施了科技创新立国战略。在这一阶段，日本政府和企业加大了对基础研究的投入，鼓励企业加强与高校和研究机构的合作，推动科技创新和产业升级。

进入 21 世纪以后，日本开始加速发展新兴产业，注重信息技术的应用和开发，推动数字化转型和智能化制造。此外，日本加强了对环保、新能源等领域的研发和投资，推动绿色发展和社会可持续发展。近年来，日本政府提出了一系列旨在促进产业升级和转型的政策措施，包括推动数字化转型、加强人才培养、鼓励创新创业等。同时，日本积极推进与其他国家的合作，共同应对全球性挑战和机遇。

在日本的产业结构演变历史中，持续的调整、升级和创新是显著的特征。从"重大厚长"型到"轻薄短小"型再到科技创新型的过渡，标志着日本对经济变革的灵活应对。这一演变过程并非一蹴而就，而是通过明治维新以来的多次调整和战略变革逐步实现的。通过不断追求创新和适应性，日本产业结构的演变成为一个值得深入研究的范本，为其他国家在面对全球经济动荡时提供了可借鉴的经验和策略。

进入 21 世纪以来，日本产业发展呈现以下四个明显的发展趋向：

第一，产业结构调整更加注重技术创新和国际竞争力。日本的重点发展产业包括医疗健康、航空航天、环保能源等新兴产业。在经济全球化、信息全球化背景下，信息技术等新兴产业的发展使日本在全球价值链中占据较高的地位，同时，政府制定了相关政策促进资源的重复利用和可持续发展，打造了可持续发展的产业链。

第二，现代服务业高度发达。21 世纪以来，日本服务业高度发达，生产性服务业更是迅速发展。根据生产性服务业发展趋势，日本生产性服务业发展主要有四个特点。一是强大的产业关联效应：日本的生产性服务业与制造业、农业等产业部门联系紧密，具有很强的产业关联效应。例如，日本的汽车、电子、机械等制造业与设计、研发、营销等生产性服务业之间有着密切的联系。二是高度精细的服务：日本的生产性服务业从业人员的服务非常精细，他们注重细节且追求完美。无论是在产品设计、生产、销售的哪一环节，日本的服务业从业人员都会以极高的专业素养和热情周到的服务态度来对待每一位顾客。三是高效率和精密度：日本的生产性服务业以高效运营和工作效率著称，包括生产管理、供应链优化、物流服务等领域。日本公司通过不断完善操作流程，实现了在全球市场上的竞争优势。四是质量导向：日本企业一直以来都注重产品和服务的质量。这种质量导向的经营理念使日本的生产性服务在全球市场上有着卓越的声誉。从汽车制造到电子设备，质量一直是日本企业的核心竞争力之一。

第三，制造业具有显著的国际竞争力。日本的制造业展现出显著的国际竞争力，尤其在全球制造业百强企业中，超过 40 家企业来自日本，凸显了该国在先进制造业领域的强大实力。制造业可分为低技术制造业和中高技术制造业两大类。低技术制造业包括食品、纺织、造纸和非金属制造业；中高技术制造业包括精密机械、电气机械、化工和运输机械等。2000 年以来，日本制造业呈现明显的发展趋势，中高技术制造业的比重逐步上升，而低技术制造业的比重相应下降，反映了日本对先进制造业的高度关注和发展。政府和企业界持续加大对科技创新和人才培养的投入，为中高技术制造业提供了强有力的支持。这一战略使日本在全球产业链中占据领先地位。日本企业在国际市场上具备强大的影响力，国家整体经济水平得以提升。

第四，服务业和制造业深度融合。为适应日益复杂多变的市场环境，日本提出了"六次产业"概念，旨在通过将制造业与服务业深度融合，实现不同产业的协同发展。日本的制造业服务化和服务业制造化的现象增加，服务业和制造业实现进一步融合。例如，日本跨国公司把生产和服务外包，一些制造业为提供服务而生产，一些服务企业凭借自身独特设计、包装、品牌等优势嵌入制造业企业，还有一些服务企业建立了属于自己品牌的制造工厂。

总体来看，21世纪的日本产业以服务业为主，其中以信息化服务业为主导产业，在制造业领域，日本曾在国际上占据比较高的地位，但由于在新兴领域的落伍，日本制造业逐渐衰落，不过从整体上看日本制造业发展较为稳定。

3. 韩国[①]

韩国的产业结构调整与经济发展历程紧密相连，可以划分为以下四个关键阶段：

第一阶段，20世纪50年代至60年代初，是韩国产业结构的修复和自给自足结构的初步确立期。在这个时期，韩国通过大力发展工业，年均增长率达到14.6%[②]，实现了传统产业结构的积极变革。这一阶段的产业结构调整为韩国经济的发展奠定了坚实的基础。

第二阶段，20世纪60年代末至70年代，韩国产业政策调整重心，转向优先发展重化工业，包括化工、石油、煤炭、机械等领域。在此政策推动下，重化工业的比重迅速上升，成为制造业的主导。这一阶段的产业结构调整为韩国的工业化进程提供了强大的动力。

第三阶段，20世纪80年代至90年代，韩国政府提出"科技立国"战略，强调高新技术产业的发展。在这一阶段，韩国通过设立风险资金、重视科技人才等措施成功实现了产业政策的调整，促进了高新技术产业的蓬勃发展。这一演进历程彰显了韩国经济发展的灵活性和创新能力。

第四阶段，进入21世纪后，韩国继续推进产业结构调整和升级，重点发展知识密集型产业和现代服务业。这一阶段的产业结构调整为韩国的经济转型和升级提供了新动力。

总的来说，韩国的产业结构调整与经济发展历程紧密相连，经历了多个阶段的演进和发展。韩国政府在产业结构调整中发挥了重要作用，通过制定相应的政

---

① 金善女，邢会. 韩国产业政策的成功演变及其启示［J］. 河北工业大学学报，2005（6）：109–113.

② 资料来源：韩国产业技术振兴院。

策措施和战略规划，推动了产业结构的不断升级和优化。同时，韩国企业在产业结构调整中也发挥了重要作用，积极适应市场变化和政策调整，不断进行技术创新和业务拓展。

韩国致力于发展系统半导体产业。韩国在半导体领域的综合实力领先于其他国家，占据了全球 70% 的内存芯片市场，但在系统半导体方面处于弱势地位，过去十年韩国在该领域的全球市场份额一直停滞在 3.2% 左右①。为实现半导体产业的"第二次飞跃"，韩国政府和企业不断加大资金投入，力争在系统半导体领域实现超越。2019 年，三星电子发布"系统半导体 2030 远景"规划，在 2030 年前将总计投资 171 万亿韩元，以实现 2030 年其系统半导体全球市场占有率居于首位。为此，韩国政府在支持系统半导体产业发展上不遗余力，在 2022 年预算案中，政府拿出 2400 亿韩元用于功率半导体、新一代感应器和人工智能半导体等领域的研究，韩国产业通商资源部还将安排 200 亿韩元的预算，用于新一代智能型半导体技术的开发。

加速发展未来汽车产业。2019 年，韩国政府在"未来汽车国家愿景"发布会上明确了"2030 未来汽车产业发展战略"的主要内容：加速发展环境友好型汽车，积极进军国际市场。2021 年，韩国 LGES 和 SK On 跻身全球前五大电动汽车电池制造商之列。韩国全国经济人联合会下属的韩国经济研究院发布报告认为，2020~2035 年，无人驾驶汽车带给智能出行产业的经济价值年均增幅可达 41%。

全面发展生物健康产业。韩国政府 2022 年预算案对生物健康产业给予了创纪录的资金支持，规模达到 2.5 万亿韩元，占三大新产业总预算投入的 40%。一方面，韩国政府大力打造"K-全球疫苗枢纽"扩大金融支持，支持企业专注于开发大品牌新药和疫苗，同时，大幅放宽限制以保障生物保健领域的研发和顺利投资，如采取大幅缩短人工智能、数字创新医疗器械的批准和评估时间，发布生物保健项目新产业领域的限制改革方向等措施。另一方面，韩国产业通商资源部以技术开发、市场拓展、硬件建设和人才培育等领域为中心，对生物健康产业给

予支持，并通过国家新药开发项目、全周期医疗器材研发等跨部门研发领域，对生物健康产业的全周期研究开发提供支援。

2021 年 12 月，韩国政府将 10 个领域的技术指定为"国家必需战略技术"。2022 年 10 月，韩国政府发布《国家战略技术培育方案》，在这 10 个战略产业的基础上新增下一代移动出行、新一代核能两大产业，最终形成 12 大国家战略产业，并将其划分为三种类型（创新引领型、未来挑战型、必需基础型），同时提出在这些领域着力推进的 50 项重点技术（见表 1-4）。

表 1-4　韩国 12 大国家战略产业的具体目标

类型	领域	目标
创新引领型	半导体和显示器	全球系统半导体市场占有率：2021 年的 3%→2030 年的 10%
	二次电池	二次电池出口额：2021 年的 75 亿美元→2030 年的 200 亿美元
	下一代移动出行	到 2025 年实现城市空中交通（Urban Air Mobility）商业化
	新一代核能	到 2028 年实现小型模块化反应堆（SMR）技术自立自强
未来挑战型	先进生物技术	生物健康产业出口额：2021 年的 257 亿美元→2030 年的 600 亿美元
	宇宙太空及海洋	于 2031 年发射登月飞船
	氢能	到 2030 年打造出 10 兆瓦级水电解制氢系统
	网络安全	国内信息安全企业销售额：2021 年的 12 万亿韩元→2030 年的 20 万亿韩元
必需基础型	人工智能	人工智能国际竞争力：2021 年的第 6 位，提升到 2030 年的第 3 位
	下一代通信技术	到 2026 年进入"Pre-6G 时代"
	先进机器人和制造	跻身机器人领域世界三大强国之列
	量子技术	量子技术实力：2020 年的 0.625→2030 年的 0.9（以美国技术实力为 1）

资料来源：韩国政府发布的《国家战略技术培育方案》。

4. 俄罗斯

20 世纪 90 年代初期，俄罗斯转向自由市场经济，相应的市场经济基本框架得以建立，相关法律法规也逐步得到完善。但由于片面认为政府应该远离经济，对产业政策采取排斥或"消极适应"态度，一方面，市场经济的"运行质量"不高，始终未能摆脱粗放型经济发展方式及运行机制；另一方面，苏联时期产业结构的基本格局并未得到有效改变，农业、轻工业、重工业的产业比例更加畸形。

　　普京上台后，俄罗斯开始进入一个社会经济政策全面调整、探索符合本国国情的发展道路、实施强国战略重振经济的新时期。与转轨之初相比，当前俄罗斯的产业结构尚未发生实质性变化。2000 年以来，在各项产业政策作用下，俄罗斯产业结构调整出现局部亮点，但预期的第二产业内部结构重组、升级和现代化并未取得实质性进展。经济中仍具有"荷兰病"的特征，产业结构仍以出口石油和天然气产品为主，缺少知识和技术密集型产业，且石油天然气等带来的资源收益使俄罗斯国内几乎所有要素都流向资源型行业，其他制造业的生产设备等基础设施更新不及时，这些都成为影响俄罗斯经济发展的关键因素。根据俄罗斯 2020 年及 2021 年上半年经济数据，农业、制造业、能源、建筑、物流运输、金融、医疗保健、批发及零售贸易、矿业 9 个行业的产值占俄罗斯 GDP 的 2/3，涵盖俄罗斯 2/3 的就业人口。据俄罗斯联邦海关署统计，2021 年俄罗斯货物贸易外贸总额 7894 亿美元，同比增长 37.9%，其中，俄罗斯出口 4933 亿美元，同比增长 45.7%，进口 2961 亿美元，同比增长 26.5%，贸易顺差 1972 亿美元，同比增长 88.4%。据俄罗斯联邦海关署数据，燃料和能源产品的出口额占俄罗斯出口总额的 50% 以上，2021 年，俄罗斯出口石油 2.3 亿吨，同比减少 3.8%（主要受OPEC+配额影响），出口额 1101.2 亿美元，同比增长 51.8%。2021 年全年石油制品出口量 1.4 亿吨，出口收入达 699.6 亿美元，同比增长 50%；俄气公司天然气出口额达 555.1 亿美元，同比增长 120%，出口量 2035 亿方，同比增长 0.5%；俄电力出口收入 13.3 亿美元，同比增长 1.7 倍。2021 年 1~9 月，俄罗斯外贸统计数据显示，能源为俄罗斯主要出口商品，在出口商品结构中占比 53.2%。巨大的能源收益使俄罗斯经济形成了对能源出口的严重依赖。

　　与此同时，巨大的能源收益导致俄罗斯国内对制造业的需求提升，但由于俄罗斯本国制造业水平有限，俄罗斯需要大量进口消费品、技术含量及附加值高的产品，如飞机、汽车零部件等严重依赖进口。2021 年 1~9 月，根据俄罗斯外贸统计数据，机械设备为俄罗斯主要进口产品，在进口商品结构中占比 49.5%。这种不合理的经济结构必然会对创新发展产生不利影响，因而由原材料出口型向创新型转变是其经济发展的必然选择。

　　俄罗斯产业的特点：制造业衰退是俄罗斯产业结构的硬伤。俄罗斯长期依赖能源和原材料出口作为其主要经济支柱，这导致俄罗斯对制造业的相对疏忽以及制造业的不断萎缩。2021 年 12 月，俄罗斯总理米舒斯京在"俄罗斯制造 2021"国际出口论坛上表示，俄罗斯出口导向型企业占比不足 1%。另外，俄罗斯制造业的主要问题是绝对规模偏低、结构简单，在制造业内部，中低技术部门产品占比偏高，企业创新动力不足，制造业的现有规模和多元化程度还不足以支撑经济转型和优势重塑，致使其在全球制造业竞争力排名中落后。俄罗斯国家统计局 2023 年 2 月 20 日发布的数据显示，2022 年俄罗斯的国内生产总值（GDP，速报值）比 2021 年下降 2.1%，制造业同比下降 2.4%。从不同行业来看，进口零部件所占比例较高的汽车减少 45%。由于经济制裁，零部件等进口停滞，供应链出现问题。欧洲商业协会（AEB）的统计数据显示，2022 年，俄罗斯新车销量同比减少 59%，降至约 69 万辆。

缺少知识和技术密集型产业。俄罗斯在知识和技术密集型产业方面的相对不足是一个显著问题。尽管俄罗斯在某些领域具备高水平的科学和技术实力，但由于技术转移的限制和不完善的创新生态系统，知识和技术并没有充分地转化为实际的产业应用，缺乏有效的机制来促进科技研究成果向市场转化，阻碍了知识密集型产业的发展。另外，俄罗斯的创新生态系统相对不完善，缺乏充足的创新基金、风险投资和创业支持机构。这使创新型企业难以获得必要的资金支持，从而制约了知识密集型产业的发展。加上俄罗斯的产业界和学术界之间的合作程度相对较低，缺乏有效的合作机制和平台，阻碍了科研成果的转化和商业化，使知识密集型产业发展的动力不足。

资源丰富。作为全球资源储备最为丰富的国家之一，俄罗斯在多个关键领域拥有令人瞩目的资源优势。能源方面，俄罗斯是天然气和石油的巨大出口国，拥有世界最大的天然气储备和全球第八大石油储备量。这不仅赋予俄罗斯在全球能源市场中的关键地位，也为其经济提供了可观的财政支持。矿产资源方面，俄罗斯拥有丰富的金属和非金属矿产，包括铁、铜、铝、镍等，为其在全球金属产业中占有一席之地提供了坚实基础。此外，俄罗斯森林资源广袤，是全球最大的森林覆盖国之一，为木材和纸浆等产品的生产提供了丰富的原材料。俄罗斯水资源丰富，淡水湖泊和河流网络为农业、工业和居民生活提供了必要的支持。丰富的磷资源也使俄罗斯在农业领域有着重要的战略地位。

5. 蒙古国

蒙古国产业结构的演变经历了多个阶段，主要受到国家历史、地理环境和全球经济变化的影响。传统畜牧业时期：20 世纪初，蒙古国以传统的游牧经济为主导，畜牧业是当地居民的主要生计来源。人们以养殖牛、羊、马等为生，依赖天然草场提供牧草。社会主义时期：20 世纪中叶，蒙古国成为了社会主义国家，在这一时期，农业和畜牧业仍然占据主导地位，但开始发展工业，包括采矿、轻工业和建筑等。大规模的集体化运动也对传统的牧民生活方式产生了影响。转型时期：随着苏联解体和蒙古国实行多党制，国家进入了社会经济的转型期。这一时期，蒙古国逐渐放弃了计划经济，开始推动市场经济改革。但农业、畜牧业和采矿业仍然是支撑经济的重要产业。矿业发展时期：20 世纪 90 年代末至 21 世纪初，随着各国对矿产资源需求的增加，矿业成为蒙古国经济增长的主要引擎。铜、煤炭、黄金等矿产品的开采和出口大幅增加。经济多元化时期：近年来，蒙古国政府致力于经济的多元化，尤其是加强非矿业部门的发展。农业、旅游业、信息技术等领域逐渐崭露头角。

蒙古国还加强了对可再生能源的关注，推动可持续发展。根据蒙古国家统计局数据，2022 年蒙古国的主要产业为农业、畜牧业、工矿业、交通运输业。①农业：2022 年，蒙古国共有 1.77 万农户，1600 家企业从事农业生产。全国农作物种植面积达 61.8 万公顷，同比下降 8.4%。谷物产量 42.8 万吨，同比下降 30.2%；土豆产量 21.4 万吨，同比增长 17.5%；蔬菜产量 14.8 万吨，同比增长 22.3%；饲料产量 17.1 万吨，同比下降 41.7%；牧草产量 156 万吨，同比下降 9.1%。②畜牧业：截至 2022 年末，蒙古国牲畜存栏量共计约 7110 万，同比增长 5.6%。其中，马 480 万匹，同比增加 11.5%；牛 550 万头，同比增加 9.8%；骆驼 50 万峰，同比增加 3.6%；绵羊 3270 万只，同比增加 5.3%；山羊 2760 万只，同比增加 4.2%。2022 年，共计 23.83 万牧民从事畜牧业生产，同比增加 0.8%。③工矿业：2022 年，蒙古国工矿业总产值 67.9 亿美元，同比增长 25.7%。其中，采矿业产值 48.2 亿美元，增长 28.8%；制造业产值 14.7 亿美元，增长 22.3%；电力热力燃气行业产值 4.3 亿美元，增长 7.8%。④交通运输业：截至 2022 年底，蒙古国运输业收入 5.9 亿美元，增长 47.6%；运输货物 6080 万吨，增长 23.4%；发送旅客 1.46 亿人次，增长 36.6%。其中，铁路运输收入 2.1 亿美元，下降 2.5%，运输货物 2770 万吨，下降 11.5%，发送旅客 240 万人次，增长 6 倍；航空运输收入 1.4 亿美元，增长 2.5 倍，运输货物 1.3 万吨，增长 6.5 倍，发送旅客 95.2 万人次，增长 4.8 倍；公路运输收入 2.2 亿美元，增长 89.6%，运输货物 3310 万吨，增长 84.1%，发送旅客 1.43 亿人次，增长 34.2%。

总体而言，蒙古国的产业结构演变经历了从传统畜牧业到社会主义时期，再到市场经济的转型，之后以矿业发展为主导，近年来趋向经济多元化的过程。这一演变既受到国际市场需求和全球经济环境的影响，也受到国家内部政治和经济政策的塑造。

蒙古国的产业结构具有以下特征：

蒙古国的产业内部结构呈现显著的不均衡特点，特别是在三大产业中支撑性行业主要集中在技术层次较低和附加值不高的初级产业。从第一产业来看，林业和渔业的产值贡献相对较小，相比于畜牧业，种植业的产值更是相形见绌。这种内部的不均衡性导致第一产业在蒙古国经济发展中的推动作用相对有限且产值和附加值水平都较低。尽管农牧业一直是蒙古国的支柱产业，但这也同时揭示了该国农牧业现代化进程的滞后，仍大量依赖传统的手工劳动方式，导致整体劳动生产率处于较低水平。蒙古国的第三产业也呈现发展相对滞后的特点，其城市化进程未能与国际标准同步，这在一定程度上限制了第三产业的发展速度。此外，供给短缺也是第三产业滞后发展的一个重要原因。

农牧业：农牧业是蒙古国的传统支柱产业，对国民经济和人民生计至关重要。农牧业占据了蒙古国国土的绝大部分，牧民依靠养殖牲畜（如羊、牛、马、骆驼等）和种植农作物（如大麦、小麦、马铃薯等）来维持生活。畜牧业不仅提供肉类和乳制品，还是蒙古国的重要出口领域。

矿业：蒙古国的矿业具有独特的特点，源于该国丰富的矿产资源。位于中亚地区的蒙古国被认为是矿产资源富集的地区之一，拥有丰富的煤炭、铜、黄金、铀、稀土元素等。这些资源在国家经济中扮演着关键角色，尤其是铜和煤炭等大宗商品的出口对蒙古国的经济增长起到了显著推动作用。矿业对蒙古国经济的贡献不仅体现在出口创汇方面，还在国家财政收入中占据重要地位。为了有效地开发这些资源，蒙古国吸引了大量外国投资。外国矿业公司通过与蒙古国政府合作，进行资源的勘探和开发，这种合作往往以采矿许可和投资协定的形式存在，推动了矿业项目的实施。

基础设施业和建筑业：蒙古国在基础设施建设方面有一定需求。随着城市化进程的加速和经济发展的需要，蒙古国需要建设和改善交通运输、能源供应、水利设施等基础设施。因此，建筑业在国家的产业结构中也占有一定比重。

旅游业：蒙古国以其独特的自然风光和文化遗产而受到国内外游客的欢迎。近年来，草原、沙漠、湖泊和蒙古包等景点吸引了越来越多的旅游者。蒙古国政府重视发展旅游业，将其视为经济增长和国家形象提升的重要领域。

制造业和加工业：蒙古国的制造业和加工业规模相对较小，但正逐步发展。这些行业主要涉及纺织品、食品加工、皮革制品、建材等领域。蒙古国政府鼓励本土企业增加技术含量和附加值，提高制造业的竞争力。

总体而言，蒙古国的产业结构相对单一，且经济对某些特定产业的依赖度较高。为了实现蒙古国经济的持续稳健发展，有必要提升其特色产业在全球市场和国内市场的综合竞争力。这意味着需要加强产业多元化，降低对特定产业的过度依赖，进一步推动蒙古国高科技产业和高附加值产业的发展。

6. 朝鲜

韩联社报道，韩国银行（央行）公开的一份朝鲜 2021 年经济增长相关资料显示，2021 年，朝鲜农林渔业（6.2%）、水电燃气（6%）、建筑业（1.8%）较 2020 年有所增加，工矿业（-6.5%）和服务业（-0.4%）有所减少。从 2021 年朝鲜的产业结构来看，服务业占比从 33.8%降至 32.9%，水电燃气从 5.6%降至 4.8%，农林渔业从 22.4%升至 23.8%，工矿业从 28.1%升至 28.3%。其中建筑业更是从 10%升至 10.2%，占比创新高。

从经济结构来看，朝鲜经济目前仍只能定性为内向型经济。朝鲜第一、第二、第三产业占比相对平衡，但因为缺乏技术和资金难以实现完整的工业化，导致第二产业占比偏低，第三产业主要集中在低端服务业。相对工业化国家而言，第一产业占比偏高。但同时，朝鲜也具有一定的工业基础，制造业占 GDP 的比重不低，但主要集中在低端的劳动密集型产品，从整体来看朝鲜目前还处于传统社会阶段。

朝鲜的产业结构具有以下特征：

军工和国防工业：朝鲜国防工业是国家经济的重要组成部分。朝鲜政府投入大量资源用于军事研发和武器装备生产。朝鲜拥有自己的军事工业体系，涵盖航空航天、导弹、海军舰船、坦克和其他军事装备领域。

重工业：重工业是朝鲜经济中的另一个重要产业，主要包括钢铁、机械制造、化工等。朝鲜的钢铁工业一直以来都是朝鲜重工业的重要支柱，其钢铁生产量在朝鲜国内处于领先地位。朝鲜机械制造业也有一定的发展，主要生产农业机械、建筑机械等产品。朝鲜化工业虽然相对较弱，但是也有一定的发展，主要生产肥料、塑料等产品。朝鲜政府一直在加大对重工业的投入和扶持，希望能进一步提升朝鲜重工业的生产水平和质量水平，实现产业升级和转型升级。

矿业资源开发：朝鲜矿产资源丰富，主要有煤、铁、金、铜、锌、铝等。煤炭、铁矿石、金、铜等矿资源是朝鲜出口的主要产品。据韩联社报道，韩国银行公布的数据显示：2019年，朝鲜铁矿石出口量约为1000万吨，金出口量为3.6吨左右。2021年，朝鲜煤炭产量为1560万吨，同比下降17.9%，但铁矿石产量为265万吨，同比增长2.6%。2021年，朝鲜钢铁产量为60万吨，化肥产量为61万吨，分别比2020年下降15.4%和8.7%，但水泥产量为596万吨，比2020年增长4.7%。朝鲜政府一直将矿业作为国家经济建设的重要产业，持续加大对矿业的投入和支持。但是，由于受到制裁和国际贸易限制等因素的影响，朝鲜矿业的发展缓慢。

农业：农业是朝鲜经济的基础，也是朝鲜经济中最重要的产业之一。朝鲜的农业主要以小农经济为基础，在国民经济中占据了重要的位置。农业生产主要涉及谷物（如稻谷、玉米和小麦）、蔬菜、水果。朝鲜政府在农业方面一直加大投入力度，致力于提高农业生产水平和粮食自给率。2019年，朝鲜粮食自给率为95%左右，比2018年有所提高。此外，朝鲜还推出了一系列措施，如鼓励农业机械化、引入新技术等，进一步提高了农业生产效率。但是，受制于气候和土地资源等因素，朝鲜农业生产水平仍有待提高。

轻工业和消费品制造：朝鲜的轻工业主要涉及纺织品、服装、鞋类、食品加工和木材加工等领域。轻工业是朝鲜经济中比较发达的产业之一，主要包括纺织、食品加工、制鞋等。朝鲜的纺织业一直以来都是朝鲜经济的重要支柱，主要生产毛衣、大衣、布料等产品。朝鲜食品加工业也相对发达，主要生产大米、面条、饼干等产品。此外，朝鲜制鞋业也是朝鲜轻工业的重要产业之一。朝鲜政府近年来一直在加大对轻工业的投入和扶持，希望能进一步提高轻工业的生产水平和质量水平，提升轻工业的国际竞争力。

旅游业：朝鲜的旅游业是近年来推动朝鲜经济发展的一个新兴产业。朝鲜政府将旅游业作为国家经济建设的新兴产业之一，大力发展旅游业。朝鲜拥有丰富的自然景观和历史文化遗址，如平壤的万景台、开城的普天堡等，这些景点对于国内外游客来说都有一定的吸引力。近年来，朝鲜政府加大了对旅游业的扶持力度，推出了一系列旅游项目和优惠政策，吸引了越来越多的游客前往朝鲜旅游。

总的来说，朝鲜的国家经济与产业虽然受到了一些制约，但仍取得了一定的成就。朝鲜政府在经济建设方面持续加大投入和支持力度，致力于实现产业升级和转型升级，提高国家经济的整体水平和国际竞争力。

（三）劳动力市场

1. 中国

中国劳动力市场现状：

根据中国国家统计局数据，截至 2022 年末，中国全国总人口为 141175 万人，较 2021 年减少 85 万人。其中，0~15 岁人口为 25615 万人，占全国人口的 18.1%；16~59 岁的劳动年龄人口为 87556 万人，占总人口的 62.0%；60 岁及以上的人口为 28004 万人，占 19.8%，其中 65 岁及以上的人口为 20978 万人，占 14.9%。与 2021 年相比，16~59 岁的劳动年龄人口减少 666 万人，比重下降 0.4 个百分点；60 岁及以上的人口增加 1268 万人，比重上升 0.9 个百分点；65 岁及以上的人口增加 922 万人，比重上升 0.7 个百分点。随着人口老龄化的加剧，中国的劳动年龄人口结构也发生了明显变化，中高龄劳动者的比例逐渐增加，而年轻人的比例则逐渐下降。

就业方面，2022 年，全国就业人员为 73351 万人，其中，城镇就业人员为 45931 万人，占全国就业人员比重的 62.6%。城镇新增就业人数为 1206 万人，较 2021 年减少 63 万人。全国农民工总量为 29562 万人，较 2021 年增长 1.1%。其中，外出农民工为 17190 万人，增长 0.1%；本地农民工为 12372 万人，增长

2.4%。可以看出，城镇就业人口比例逐年上升，农村就业人口比例逐年下降。

由于中国人口数量增长、高等教育投入金额的增加以及大学不断扩招等原因，中国大学毕业生数量不断增长。2021年，全国需要安排就业的城镇新增劳动力约为1500万人，其中高校毕业生约为909万人，非高校毕业生约为600万人；2022年，全国需要就业的城镇新增劳动力约为1600万人，其中高校毕业生增至1076万人，而非高校毕业生减少到500多万人。这一系列数据揭示了中国人口和就业结构的动态变化。

中国劳动力市场特点：

第一，中国劳动力市场的就业结构性矛盾进一步深化。就业结构性矛盾是我国就业市场的一个老问题。近年来，随着有关方面不断强化就业优先策略，就业结构性矛盾虽然因实施一些，具有实效性的措施而得到了一定程度的缓解，但深层次的矛盾依然存在。就业市场上呈现出的"两极"现象，表明我国劳动力市场中求职者"找工"与企业"招工"的就业结构性矛盾依然存在。从表象上看，高科技行业和一些新职业、新岗位因劳动力技能水平跟不上岗位需求而出现存量劳动力就业不稳定、增量劳动力进入不明显的现象，并随季节性变化而不时出现紧张—缓解—再紧张的螺旋式发展态势。大量新增劳动力在就业选择上的行业、岗位偏好越来越突出，我国产业升级和转型对劳动力的需求发生了巨大变化。

第二，中国劳动年龄人口的增长趋势正在放缓。受出生率下降、人口老龄化等因素的影响，中国的人口结构也在发生变化，劳动力市场面临着新的挑战和机遇。一方面，随着人口老龄化的加剧，劳动年龄人口的增长速度已经逐渐放缓。这意味着劳动力供给可能面临短缺，需要采取一定措施来促进劳动力的供给，如鼓励生育、提高教育水平等。另一方面，随着经济的发展和产业结构的调整，劳动力市场的需求也在发生变化。新兴产业和服务业的发展需要更多的高素质、高技能人才，而传统产业则面临劳动力过剩的问题。因此，需要加强职业教育和培训，提高劳动力的素质和技能水平，以适应市场需求的变化。

随着劳动年龄人口增长速度的放缓，劳动力市场的供需关系逐渐发生变化。虽然总就业压力仍然存在，但劳动力供给逐渐趋于饱和，导致就业市场竞争更加激烈。在这种情况下，提高劳动力的素质和技能水平以及推动产业结构升级和优化成为了缓解就业压力、提高就业质量的重要途径。

第三，城乡就业结构进一步优化，农村劳动力转移任务十分艰巨。农民工的大规模流动促进了城市产业结构的优化。农民工在制造业、建筑业、住宿和餐饮业等领域的广泛分布为城市的发展提供了劳动力支持。这种人口流动促使城市的经济重心逐渐向产业化和服务业方向转移，推动了城市的经济结构升级。然而，城市人口的快速增加也带来了一系列的城市管理和社会服务压力，包括住房、医疗、教育等问题。

第四，随着经济改革的不断深入，中国的失业率呈下降趋势，新增就业岗位增多。中国劳动力市场在适应经济结构升级的过程中积极变化。随着新兴产业和服务业的崛起，劳动力市场逐渐从传统的制造业向更加多元化和高附加值的领域转变。首先，新兴产业的发展为劳动力提供了更多的机会。科技、互联网、新能源等新兴产业的崛起带动了一系列新的就业机会，吸引了大量年轻人投身于这些行业。这不仅促进了经济的创新升级，还推动了劳动力市场的结构性优化。其次，服务业的蓬勃发展也为劳动力市场提供了广阔空间。随着城市化的推进，服务业需求不断增加，在零售、餐饮、医疗、教育等领域都呈现出强劲的发展势头。这为更多人提供了就业机会，尤其是那些具备服务技能的劳动者。然而，尽管失业率总体下降，中国劳动力市场也面临一些新挑战，如就业结构不断调整带来的职业转换问题、新技术应用对传统产业的替代效应等。因此，中国需要在促进就业的同时，注重培训和转岗机制的建设，以确保劳动力市场的稳定和可持续发展。

2. 日本

日本劳动力市场现状：

日本总务省公布的人口统计数据显示，截至 2022 年 10 月 1 日，不计在日本居住的外国人，日本人口总数为 1.22031 亿，较 2021 年减少 75 万，创 1950 年以来最大跌幅，这是日本总人口连续 12 年出现减少。数据显示，2022 年，日本新生儿人数比 2021 年减少 3.2 万，为 79.9 万；死亡人数为 153 万，增加 9 万，新生儿人数连续 16 年低于死亡人数。从年龄段看，15 ~ 64 岁劳动力人口为7420.8 万，占比 59.4%；65 岁以上老年人口有 3623.6 万，占比 29%，创历史最高纪录；14 岁以下人口降至 1450.3 万，创历史最低纪录。从年龄层来看，15~64 岁的劳动力人口约占六成，达到历史最低值；65 岁以上人口约占三成，达到历史最高值。这一数据表明，日本的人口结构出现了极端的少子老龄化发展趋势。该趋势表明，面对出生率下降和人口老龄化的双重挑战，日本迫切需要制定新的政策。

日本总务省 2023 年 1 月 31 日公布的劳动力调查结果显示，2022 年，日本的平均就业人数为 6723 万人，仅比 2021 年增长 10 万人。与新冠疫情前的 2019 年相比，仍少了 27 万人。2022 年，日本 15 岁以上的人口比 2019 年少了 74 万人。人口减少是日本劳动力没有恢复的主要原因。

日本人口集中在以东京、大阪、名古屋为中心的三大都市圈。由于日本正面临少子高龄化的人口问题，2011 年，日本人口总数开始进入下降时期。目前，日本总人口与劳动人口仍持续减少。

日本劳动力市场特点：

第一，人口老龄化和劳动力减少。日本总务省发布的人口统计数据显示，2022 年全年，日本 65 岁以上的老年人有 3627 万人，与 2021 年相比增加了大约 6 万人，老龄化率已经达到 29.1%，刷新了历史最高纪录。日本的老龄化程度在 200 个人口超过 10 万人的国家和地区中位列第一，大幅超过了第二名意大利（24.1%）、第三名芬兰（23.3%）。据日本国立社会保障·人口问题研究所的推算，当第二代婴儿潮时期出生的人在 2040 年超过 65 岁时，老龄化率将会达到 35.3%。

随着经济社会的发展，日本面临着越来越严重的人口问题，其中最突出的是人口老龄化、人口少子化、高于世界平均水平的死亡率、高密度的人口环境和人口数量急剧下降。日本严重的人口老龄化问题严重影响劳动力市场。随着大量的人员退休和少子化趋势，日本的劳动力供应逐渐减少，这会导致劳动力短缺的问题，特别是在特定行业和领域，如护理、制造业和信息技术等。日本 65 岁以上老人中，有 25.1% 的人还在工作，如果只限于 65~69 岁的老人，其比例则高达 50.3%。为了缓解人口减少造成的劳动力短缺问题，日本将会继续对老年人就业提供支持。

第二，高度教育和技能水平。日本的教育系统被广泛认为是国际上最发达的教育系统之一。日本的大学和高职院校有着多样化的课程设置和高度专业的师资队伍。此外，日本还拥有众多研究机构和实验室，为各个领域的深度研究提供了机会。日本的教育系统注重培养学生的综合能力，强调培养学生的思考能力、创造力和团队协作能力。这样的教学方法非常适合未来职场的要求，可以培养现代职场要求员工具备的综合能力和创新能力。因此对于大部分职位而言，雇主通常要求申请者具备相应的学历和技能。

第三，加班文化日渐减弱。加班文化在日本的减弱可以追溯到 2017 年日本政府实施的"劳动方式改革实行计划"以及 2018 年通过的相关法规。在此基础上，日本陆续引入了一系列措施，如规定加班时间的上限，并附带了相应的惩罚条例。在过去的几年里，这些措施显示出初步的成效。2020 年，日本的人均劳动时间为 1811 小时，相比 3 年前减少了 116 小时，比 2019 年减少了 58 小时。以青壮年为中心的群体长时间劳动的人数明显减少。每周劳动 60 小时以上的日本人从 2017 年的 360 万人减少到 2020 年的 203 万人。按年龄段来看，40~44 岁的年龄段减幅最大，为 30 万人；其次是 35~39 岁，为 24 万人；45~49 岁为 21 万人。这一变化显示出企业和政府对于提高工作效率、改善员工劳动状况的努力。然而，这一变化不仅关乎劳动时间的减少，还要求企业在不提高工作效率的情况下寻求更加可持续的发展。因此，严格管理劳动时间和提高工作效率成为企业发展的关键。

3. 韩国

韩国劳动力市场现状：

韩国行政安全部 2023 年 1 月 15 日发布的数据显示，截至 2022 年 12 月 31 日，韩国户籍登记居民人口 5143.9038 万人，同比减少 0.39%，连续三年呈下降趋势。按性别看，韩国男性人口连续四年减少，为 2563.69 万人，女性继 2021 年以来连续两年减少，为 2580.21 万人。男女人口差距 16.51 万人，自 2015 年女性人口首次赶超男性之后，创下男女人口最大差距。

此外，单人户的增势持续，在整体家庭中占比 41%，逼近千万户，为 972.43 万户，而三口之家和四口之家的比重持续减少。单人户和两人户总计占比为 65.2%。家庭户数总计 2370.58 万户，同比增长 0.99%，但平均每户家庭成员数为 2.17 人，创下历史新低。

从年龄段来看，50 多岁人口占比最大，为 16.7%。与 2021 年底相比，韩国 60 岁以上年龄段人口有所增加，其中 65 岁以上人口在整体人口中占比 18%。全罗南道老龄人口占比为 25.17%，庆尚北道为 23.77%，全罗北道为 23.2%，江原道为 22.77%，釜山市为 21.47%，忠清南道为 20.58%，进入超老龄社会。与 2021 年底相比，人口增加的区域仅有京畿道、仁川市、世宗市、忠清南道和济州道，其余区域的人口均有减少。

随着韩国劳动市场的老龄化进程不断加快，各年龄段的就业人口呈现出明显的变化，其中作为"经济支柱"的三四十岁就业人口呈现递减趋势。30 多岁就业人口：近年来，韩国 30 多岁的就业人口呈下降趋势。2013~2021 年，这一年龄段的就业人口连续减少。然而，2022 年，30 多岁就业人口出现了一些回升，增加了 4.6 万人。这可能是因为一些年轻人逐渐步入劳动市场，部分缓解了之前的减少趋势。40 多岁就业人口：相比之下，40 多岁的就业人口在过去的几年里一直呈现递减趋势。2022 年，韩国 40 多岁的就业人口为 631.4 万人，同比仅增加 3000 人。

韩国劳动力市场特点：

第一，教育水平和技能导向。韩国高度重视教育，并且有发达的教育体系。大多数韩国人会接受高等教育或职业培训，具备较高的教育水平和职业技能水平，这使得韩国劳动力在科技、制造业和服务业等领域具备较强竞争力。

第二，竞争激烈和就业压力。韩国劳动力市场竞争激烈，尤其是在大城市和知名公司。许多年轻人为了获得理想的职业和稳定的就业机会而努力奋斗，因此在就业方面存在较大的压力。

第三，长工作时间和加班文化。韩国存在强调努力工作和加班的文化。长工作时间和加班常常被视为对职业忠诚和奉献。然而，近年来，韩国政府和企业开始采取措施，致力于减少过度工作，寻求工作与生活平衡。

第四，不稳定的就业形态。韩国劳动力市场存在不稳定的就业形态，如非正式雇佣、临时雇佣和兼职。许多年轻人首先选择非正式就业形式，然后努力寻求稳定的长期雇佣机会。此外，派遣劳动力在一些行业也相对常见。

第五，性别不平等。韩国劳动力市场存在性别不平等的问题。虽然韩国的女性受教育程度很高，但女性在职场晋升和薪资方面依然面临挑战。传统的性别角色观念和家庭责任的压力会对女性的职业发展产生影响。

第六，高失业率的年轻人。由于激烈的竞争和就业压力，韩国年轻人的失业率相对较高。许多年轻人面临难以找到稳定工作的挑战，不得不面临就业机会少和职业不稳定的情况。

4. 俄罗斯

俄罗斯劳动力市场现状：

根据俄罗斯联邦统计局 2023 年 2 月 1 日公布的最新数据，截至 2023 年 1 月 1 日，俄罗斯国内常住人口（仅计算俄罗斯公民）约为 1.46 亿。俄罗斯是一个多民族国家，这种多元文化背景和丰富的民族多样性为俄罗斯的社会和文化发展提供了独特的土壤。但人口减少的问题不容忽视，这可能会对俄罗斯的社会、经济和文化发展产生深远影响。因此，政府需要制定相应的政策和措施，以应对人口下降问题。

俄罗斯的人口分布并不均衡，主要集中在西部和南部地区。根据最新统计，截至 2022 年 1 月 1 日，俄罗斯中央联邦区人口超过 4000 万，其中逾 1300 万人居住在莫斯科；西北联邦区人口超过 1367 万，其中近 560 万人居住在圣彼得堡。

俄罗斯专家根据国际劳工组织方法统计，截至 2023 年 1 月，俄罗斯共有近 270 万失业人口，约占劳动人口的 3.6%。隐性失业数据显示，虽然 2022 年有接近 200 万人离开了俄罗斯，但截至 2022 年底，仍有 466 万俄罗斯公民处于隐性失业状态，比 2021 年底的 379 万人增加了 87 万人，增加了 23%；比 2022 年 3 月底的 393 万人增加了 73 万人，增加了 18.6%，这一数字至少创下了过去 8 年的历史新高。根据俄罗斯联邦统计局的数据，截至 2022 年底，汽车行业的隐性失业率创历史新高，在西方汽车企业离开后，该行业的生产崩溃了 79%，超过 1/4（约 27.1%）的汽车厂工人在 2022 年下半年处于闲置状态，另有 8.4% 的人从事零星的兼职工作。俄罗斯林业企业中有将近 10% 的员工处于强制无薪休假状态，这些企业在欧洲禁运后失去了最大的销售市场，既无法在亚洲找到新的市场，又不能辞退工人，只能给闲置的劳动力强制放假。食品制造行业和化工行业均有 17.9% 的人在无薪休假，制药企业有 17.8% 的人处于隐性失业状态。在冶金厂、家具厂和电器制造公司中，有超过 20% 的员工被强制性地无薪休假。

俄罗斯劳动力市场特点：

第一，人口结构呈现退化趋势。俄罗斯人口结构呈现退化趋势，主要体现在生育率低和老龄化加剧。据统计，俄罗斯男性的平均寿命为 68 岁，女性则为 78 岁。如表 1-5 所示，2015～2021 年，出生率呈现逐年下降的趋势。具体来看：2015 年，俄罗斯常住人口的出生率为 13.3‰；2016 年，出生率下降到了 12.9‰；2017 年，出生率进一步下降到 11.5‰；2018 年，出生率继续下滑至 10.9‰；2019 年，出生率跌至 10.1‰；2020 年，尽管数据有所波动，但出生率仍然保持在 9.8‰；2021 年，出生率为 9.6‰。

表 1-5　2015～2021 年俄罗斯常住人口出生率　　　　单位:‰

年份	2015	2016	2017	2018	2019	2020	2021
出生率	13.3	12.9	11.5	10.9	10.1	9.8	9.6

资料来源：世界银行。

第二，薪资差距较大。俄罗斯的劳动力市场存在较大的薪资差距。一般来说，高技能和高层次职位，如科技、金融、法律等领域的高级专业人才，他们的薪酬水平相对较高。这是因为这些职位需要具备特定的技能和知识，而这些技能和知识在市场上的供应相对较少，因此需求较高，薪酬水平也就相应地提高了。与此相反，低技能和基层职位的薪资水平较低。这些职位通常对于技能和知识的要求较低，且市场竞争激烈，因此薪酬水平相对较低。例如，一些简单的服务业职位，如餐厅服务员、超市收银员等，由于入职门槛低、工作量大、流动性高，所以他们的薪资水平相对较低。这种薪资差距在一定程度上导致俄罗斯社会中的不平等问题。为了改善这一问题，俄罗斯政府正在采取一系列措施，包括制定更加公平的薪酬政策、加强职业培训和教育、推动经济发展等。通过这些措施的实施，俄罗斯期望能缩小薪资差距，提高整个社会的公平性和发展水平。

第三，存在隐性失业。俄罗斯的隐性失业指的是那些实际上希望就业但无法找到工作，且由于各种原因没有被计入官方失业率统计中的人群。尽管俄罗斯官方统计数据显示失业率创历史新低，但仍有数百万俄罗斯公民处于隐性失业状态，而且这一数字至少在过去 8 年里创下历史新高。俄罗斯联邦统计局的数据显示，2022 年，大约有 466 万俄罗斯人从事兼职工作，因雇主的过错而闲置或无薪休假。

第四，劳动力移民。随着经济的不断发展和转型，俄罗斯开始吸引更多的外国劳动力移民，以填补本国劳动力市场的空缺。这些外国劳动力移民主要来自中亚和高加索地区，他们到俄罗斯是为了寻找更好的就业机会和生活条件。这些外国劳动力移民在俄罗斯的劳动力市场中扮演着重要的角色，填补了建筑、农业和服务行业中的职位空缺。俄罗斯政府也开始认识到这些外国劳动力移民的重要性，并采取了一系列措施来吸引更多的外国劳动力移民到俄罗斯。这些措施包括简化签证程序、提供更好的职业培训和就业机会，以及加强对外国劳动力移民的管理和保护。

5. 蒙古国

蒙古国劳动力市场现状：

蒙古国家统计局的数据显示，截至2021年末，蒙古国人口约为340万，比2020年增加5.26万人。截至2021年底，蒙古国共有71166名产妇生育了73866名孩子，分别比2020年减少产妇4528人（约减少6.0%），减少初生婴儿4080人（约减少5.2%）。死亡人数为20002人，比2020年增加4012人，增长25.1%。

蒙古国领土辽阔，总面积达到了156万平方千米，全国分为首都乌兰巴托和21个省，各省的省会都是该省的主要城市，甚至是该省唯一的城市。其中，蒙古国的首都乌兰巴托是蒙古国人口最多的城市，占蒙古国总人口的46%左右，即蒙古国近一半人口生活在乌兰巴托。其次是额尔登特，总人口约8.69万人，是蒙古国第二大人口城市。达尔汗、乔巴山、木伦都属于蒙古国前五大人口城市，但人口均不超过10万人，尤其是排名第五的木伦，人口仅3.58万人。

蒙古国劳动力市场特点：

第一，劳动力具有流动性。由于蒙古国地域广阔，人口分布较为分散，因此劳动力的流动性相对较高。许多人从农村迁往城市，以寻求更好的就业机会和生活条件。这种劳动力流动在一定程度上推动了城市的发展和城市化进程，同时也对农村产生了影响，导致农村劳动力的短缺和经济发展的不平衡。

第二，高失业率和就业机会不均衡。尽管蒙古国经济在过去几年中取得了一定的发展，但失业率仍然相对较高，尤其是在年轻人和受教育程度较低的人群中更为普遍。此外，就业机会在不同地区和行业之间也存在不均衡现象。城市地区通常提供更多的就业机会，而农村地区和某些行业则面临较少的就业机会。这种不均衡导致一部分人难以找到适合自己的工作，从而影响了整体的经济和社会发展。

第三，保持游牧民族的生活方式。蒙古国是一个多民族国家，蒙古族是主要民族，其他少数民族如哈萨克族、图瓦人、俄罗斯族等也占有一定的比例。许多蒙古国人民仍然保持着传统的游牧生活方式，以畜牧业和农牧业为生，这种生活方式在一定程度上影响了劳动力的需求和就业选择。

综上所述，蒙古国劳动力市场具有独特的特点，为了促进蒙古国的经济发展和社会稳定，政府需要制定相应的政策和措施，如加强职业教育和培训、鼓励创业和创新、推动地区间的平衡发展等，以改善劳动力市场的状况并促进整体的经济和社会发展。

6. 朝鲜

朝鲜劳动力市场现状：

根据韩国统计厅发布的《2022 朝鲜主要统计指标》，2021 年，朝鲜的人口为2548 万人。数据显示：自 2001 年的 2290 万人到 2021 年的 2548 万人，朝鲜人口在 20 年间增加了 258 万人。2021 年，朝鲜的年龄分布人口为 0～14 岁占 19.8%，15～64 岁占 70.2%，65 岁及以上占 10.0%。虽然朝鲜 0～14 岁人口比例不高，但65 岁及以上人口比例较低，拥有更年轻的人口结构。朝鲜的生育率从 2013 年的1.86 下降到 2022 年的 1.79。总和生育率低于 2 意味着人口将会减少。为应对少子化、老龄化，朝鲜出台了各种奖励生育政策，还推出了缩短军队服役时间，增加经济活动人口等措施。朝鲜《女性权利保障法》第 50 条规定，为生育三孩及其以上子女的女性和儿童安排家庭医生，免费提供优质住房、药品、食品、家庭用品等，给予特别的照顾和优惠。

朝鲜劳动力市场特点：

第一，政府主导的经济体系。朝鲜的经济体系以政府为主导，大部分企业和就业机会由国家管理。国家在劳动力市场中起主导作用，决定了就业的分配和管理。

第二，集体农业和公有化企业。朝鲜农业以集体化的方式进行，农民从事农业劳动的组织方式由政府决定。此外，大部分企业也是公有化的，由国家或政府机构拥有和管理。这种集体化和公有化的经济模式影响着劳动力市场的运作和就业机会的分配。

第三，劳动力配给制度。朝鲜实行劳动力配给制度，即根据国家计划和需求，将劳动力分配给不同的企业和行业，这也意味着个人的就业机会受到政府的调配和安排。

第四，重视军队和国防工业。朝鲜在劳动力市场中重视军队和国防工业。军队在朝鲜社会中具有重要地位，一部分劳动力被分配到军队服役。此外，国防工业也是朝鲜经济的重要组成部分，提供了一部分就业机会。

二、东北亚部分国家经贸形势现状

（一）外贸总额稳定增长

中国海关总署数据显示，2022年，中国的外贸总值达到了42.07万亿元人民币，同比增长了7.7%。其中，出口总额为23.97万亿元人民币，同比增长了10.5%；进口总额为18.1万亿元人民币，同比增长了4.3%。与此同时，日本财务省的贸易统计数据显示，2022年，日本的贸易逆差为19.97万亿日元（约合人民币1.05万亿元）。韩国产业通商资源部公布的数据显示，2022年，韩国的外贸总额为14151亿美元，贸易逆差为472亿美元，创历史新高。俄罗斯联邦统计局资料显示，2022年，俄罗斯出口额为5914.6亿美元，比2021年增长了19.9%，进口额为2590.83亿美元，比2021年下降了11.7%，贸易顺差达到创纪录的3323.77亿美元；对外贸易总额达8505亿美元，比2021年增长了8.1%。根据蒙古国海关官网发布的数据，2022年，蒙古国同161个国家和地区进行贸易，外贸总额达212.44亿美元，同比增加了51.58亿美元，增长了32.1%。其中，出口总额达125.4亿美元，同比增长35.7%；进口总额达87.04亿美元，同比增长27.2%。2022年，蒙古国国际贸易顺差达38.36亿美元。

（二）FDI 流动表现各异

如表 1-6 所示，2020 年，除中国外资流入和流出规模均实现正增长外，其他国家均明显下降，其中俄罗斯下降幅度最大，外资流入和流出规模分别下降 208% 和 225%。2021 年，各国均有大量外资流入。俄罗斯外资流入金额增长 3 倍多，外资流出金额增长 9.38 倍；日本、韩国外资流入增长一倍多；蒙古国和中国外资流入增长也比较显著。2021 年，各国外资流出速度加快，尤其是俄罗斯，外资流出金额增长了近 10 倍，其次是蒙古国、韩国和日本，均有较大增幅。2021 年，中国外资流出略有下降。

表 1-6　2017~2021 年东北亚主要国家 FDI 规模　　单位：百万美元

国家	FDI 流入					FDI 流出				
	2017 年	2018 年	2019 年	2020 年	2021 年	2017 年	2018 年	2019 年	2020 年	2021 年
日本	9356	9963	13755	10703	24652	164588	144982	232627	95666	146782
韩国	17913	12183	9634	8765	16820	34069	38220	35239	34832	60820
俄罗斯	25954	13228	32076	10410	38240	34153	35820	22024	6778	63602
蒙古国	1494	2174	2443	1719	2140	49	37	127	26	113
中国	136315	138305	141225	149342	180957	158288	143037	136905	153710	145190

资料来源：笔者根据 UNCTAD 发布的《世界投资报告》（2022）整理。

（三）经贸结构复杂

东北亚区域的六个国家（中国、俄罗斯、蒙古国、朝鲜、韩国、日本）的经济规模占据了全球总量的 1/4，是全球经济增长最迅速的区域之一。东北亚区域具备深厚的合作基础和条件，各国都表现出强烈的加强区域合作的愿望。这些国家在经济上存在互补关系，区域合作的潜力非常巨大。然而，由于社会制度和经济发展水平的不同，东北亚区域形成了多轴心、内向型的区域贸易结构。在当前形势下，东北亚地区的经济贸易结构呈现以下四种特点：

第一，东北亚地区缺乏一个涵盖全区域的经贸合作框架。与欧盟、北美自由贸易区、东盟相比，东北亚区域合作尚未形成一个有效的、区域化的、覆盖所有六个国家的合作机制。目前，该地区只有一个开放式的论坛，即由俄罗斯发起的东方经济论坛。但该论坛主要目的是促进俄罗斯远东地区的经济发展和国际合作。尽管东北亚各国之间的经济联系日益紧密，但该地区的经贸合作仍然缺乏一个全面、系统和稳定的框架。这使各国之间的经济合作主要依赖于双边关系和个别领域的协议，缺乏一个涵盖更广泛领域的多边合作机制。

这种状况在一定程度上限制了东北亚地区的发展潜力和国际影响力。因此，建立一个全面、系统和稳定的经贸合作框架已成为东北亚各国共同面临的重要任务。只有不断加强多边合作才能更好地发挥该地区的经济互补性和发展潜力，实现共同发展和繁荣。

第二，区域内小多边合作机制缺乏足够的推动力。尽管东北亚地区在国际经济合作中有着重要地位，但该地区的小多边合作机制的运行并不尽如人意。例如，大图们倡议（GTI）是1991年联合国开发计划署启动的，旨在加强成员国及地方政府之间的政策对话，促进经贸及跨境项目合作。然而，由于各种原因，大图们倡议举步维艰。同样作为重要的小多边机制的中日韩领导人会议，虽然自2008年以来每年轮流主办，但因历史问题、领土争端等，实际运行中面临许多困难。此外，双边合作虽然活跃但不平衡的问题在东北亚地区也较为明显。尽管中日、中韩、韩日、中俄、俄日、俄韩等多个双边经贸关系活跃，但这些双边贸易更多地集中在特定的经济领域，如电子产品或资源出口等，较少涉及更高层次的产业合作或技术转移。

总体而言，东北亚地区的小多边合作机制受到多种因素的影响，包括安全和政治问题、历史遗留问题以及缺乏有效的合作机制等，这些问题阻碍了该地区经济一体化的进程。因此，要推动东北亚地区的经济合作，需要解决这些问题并建立更加有效的合作机制。

第三，双边合作活跃但不平衡。近年来，中日韩三国之间的经贸往来日益频繁，双边合作不断加强。然而，由于历史、政治和文化等方面的原因，三国之间的贸易关系并不平衡，存在着一些问题和挑战。例如，日本对中国的贸易逆差较大，而中国对日本的贸易顺差则相对较小。但是，中日两国在人工智能、机器人、高端制造等领域有着密切的合作关系。同时，双方也在文化交流方面进行了很多有益的尝试，如互派留学生、开展文化交流活动等。另外，中国和俄罗斯在能源、基础设施等领域有着广泛的合作。中国参与了俄罗斯的"远东开发计划"，并在该地区投资建设了多个项目。同时，俄罗斯也支持中国提出的"一带一路"倡议，并积极参与相关合作。受国际制裁和新冠疫情的影响，朝鲜的对外贸易额急剧下降。根据中国海关总署数据，2020年朝鲜与中国之间的贸易额降至五亿美元的水平。这表明东北亚地区双边合作的不平衡现象以及各国之间贸易关系的复杂性。

为了解决这些问题，各方应该加强沟通协调，推动互利共赢的合作，实现共同发展。同时，也应加强经济、文化等领域的交流和合作，增进相互理解和信任，为东北亚地区的繁荣和发展做出更大贡献。

第四，跨区域合作机制与区域内合作机制之间产生了竞争甚至是替代效应。跨区域合作机制的崛起直接而深远地影响了区域内合作机制。以东盟为核心，中日韩三国参与的《区域全面经济伙伴关系协定》（RCEP）是一个重要的跨区域合作机制。该协定的签署对东北亚区域经济合作带来了复杂的影响。RCEP不仅在中日韩之间建立了自贸安排，促进了三国之间的经济交流，还可能对中日韩自贸协议产生竞争和替代效应，导致长期搁置的协议仍处于谈判状态。跨区域合作机制的兴起使区域内合作机制面临更大的挑战和机遇。同时，日本在《全面与进步跨太平洋伙伴关系协定》（CPTPP）中扮演着主导者的角色，中国和韩国都表示了加入的意向，但面临着很大的困难。RCEP、CPTPP以及美日印澳"四国机制"（QUAD）等相互交织，使得日本有可能成为区域合作机制中的一个"枢纽"。这些跨区域合作机制的兴起，使得区域内合作机制的进一步发展变得更加复杂和不确定。

总体而言，东北亚区域合作的发展需要区域内各国达成基本的共识和强烈的合作意愿，共同推进区域经济一体化和机制建设。要推动东北亚区域合作，需要在区域、小多边和双边三个层面展开工作。这需要各国积极参与和协调，以共同应对当前和未来的挑战。

三、东北亚部分国家经贸形势特点

（一）区域经贸合作持续推进

一是 RCEP 为东北亚经贸合作提供新动能。2022 年 1 月，中国、日本、韩国等 15 个成员国共同签署的 RCEP 生效，成为全球人口最多、经贸规模最大的自由贸易区。该协定对货物贸易、服务贸易、投资、技术合作、人员流动、电子商务与数据交换、中小微企业发展等方面的经贸合作设定更为柔和的条款，是一个全面、现代、高质量、互惠互利的自贸协定，对进一步提升域内贸易投资自由化便利化水平，促进本地区产业和价值链的融合注入强劲动力。

二是 CPTPP 提升了东北亚经贸合作标准。日本倡导的 CPTPP 以"三零"① 为基本框架，对货物、服务、技术、人才、资金、数据等要素流动方面提出高标准要求，从框架上看是迄今为止最高水平的经贸自由机制。中国和韩国积极加入 CPTPP，对深化东北亚经贸合作机制、促进区域间贸易往来、投资便利化标准的提升和经济增长具有重要意义。

三是次区域经贸合作持续推进。中蒙俄经济走廊建设加速发展、泛黄海中日韩经济技术合作取得新的成效，大图们倡议合作持续推进②，远东开发机制得到进一步落实，日本和我国吉林省等地已经在氢能源应用、低碳示范区城市建设等领域的 30 个项目达成协议③。

四是经贸战略对接交融。"一带一路"倡议和俄罗斯的"欧亚大陆桥"、韩国的"新南方""新北方"政策、蒙古国的"草原之路"进行战略对接，相互交融，最大限度发挥政策效应，通过交通、货物运输和基础设施的链接，打通国家

---

① 三零：零关税、零壁垒和零补贴。
② 资料来源：中国商务部网站。
③ 2021 年 9 月 23 日，日本经济产业省副大臣长坂康正在第十一届东北亚合作高层论坛上演讲，http：//qiankeming. mofcom. gov. cn/article/collection/201709/20170902638366. shtml。

经贸合作堵点，推动东北亚经济一体化建设。① 未来，东北亚地区将成为区域间合作的重要枢纽，为企业开拓更广阔的市场提供更多机遇。

（二）数字经济蓬勃发展

随着互联网、大数据、人工智能等技术的不断发展，数字经济在东北亚地区的影响力将不断扩大。未来，数字经济将成为东北亚地区经济发展的重要引擎，为企业创新发展带来更多机遇。东北亚六国（中国、日本、韩国、俄罗斯、蒙古国和朝鲜）在数字经济方面的发展相对较为先进，其中中国、日本和韩国是数字经济发展最为迅速的国家。

其中：①中国和韩国：两国在数字经济领域合作密切，主要集中在人工智能、大数据、物联网等领域。两国政府签署了数字经济合作协议，鼓励双方企业间的合作，促进数字技术的应用和创新。②中国和日本：两国在数字经济领域的合作主要集中在电子商务和人工智能领域。两国政府签署了数字经济合作协议，鼓励企业间的技术交流和合作。③中国和俄罗斯：两国在数字经济领域合作广泛，包括数字贸易、人工智能、大数据等。两国政府签署了数字经济合作协议，并且鼓励双方企业开展合作。④中国、俄罗斯和蒙古国：三国在数字经济方面的合作主要集中在数字化基础设施建设、电子商务和互联网技术应用等领域。三国政府签署了数字经济合作协议，鼓励企业之间的合作和交流。⑤韩国和日本：两国在数字经济领域的合作主要包括人工智能、大数据和物联网等领域。两国政府签署了数字经济合作协议，鼓励双方企业之间的技术交流和合作。⑥俄罗斯和日本：两国在数字经济领域的合作主要集中在人工智能、大数据、区块链等领域。两国政府签署了数字经济合作协议，鼓励企业之间的技术交流和合作。

总的来说，东北亚六国在数字经济领域的合作形式多样、广泛，并取得了一定成果。在未来，这些国家将继续深化数字经济合作，共同推动数字经济的快速发展。

---

① 2021年9月23日，韩国北方经济合作委员会委员长朴钟洙、俄罗斯驻华大使安德烈·杰尼索在十一届东北亚合作高层论坛上演讲，http://qiankeming.mofcom.gov.cn/article/collection/201709/20170902638366.shtml.

（三）追求高标准经贸规则

全球经济治理体系正在经历一个加速变革的时期，尤其是在美国等西方大国的倡导下，高标准国际经贸规则正在推动东北亚经贸合作规则的加速重构。这一变革有以下五方面的特点：

一是贸易自由化程度的提高。东北亚地区的一些国家已经签署了自由贸易协定，如 RCEP 自贸协定的签署使得贸易自由化程度不断提高，促进了各国之间的贸易往来。

二是标准化程度的提高。东北亚区域的国家和地区在推动国际贸易合作时越来越注重提高贸易规则的标准化程度。通过制定更为严格、全面的经贸规则，构建更加公平、透明、可预测的国际贸易环境。

三是规则领域的扩展。除了传统的边境措施，东北亚地区的国际经贸规则趋于扩展到更广泛的政策领域，包括知识产权、竞争政策、投资、环保法规、劳动市场管制等。这一趋势旨在建立更为全面和多元化的国际经济规则框架。

四是开放方式的改变。东北亚国家逐渐采用负面清单的方式进行开放。这种方式将全面开放和国民待遇作为原则，将开放限制和非国民待遇作为例外。这种灵活的开放方式有助于更好地适应不断变化的国际贸易环境。

五是数字经济和全球化的推动。追求高标准的经贸规则是适应数字经济和全球化发展的需要。在信息时代，知识产权、数据流动、电子商务等数字经济领域的规则愈发受到关注，东北亚地区的国家通过推动高标准经贸规则来促进数字经济的发展。

（四）经贸合作结构转型明显

一是先进制造业成为经贸合作重点。当前，制造业数字化、智能化、服务化趋势明显。随着西方国家鼓励制造业回迁，吸引先进制造业成为东北亚国家产业竞争和合作的重点。

二是服务贸易迅速发展。全球服务贸易规模的扩大表现为服务贸易向创新化、数字化、智能化、平台化和高端化方向快速发展。截至 2023 年 3 月 23 日，联合国贸易和发展会议（UNCTAD）发布的《全球贸易更新》报告显示，2022

年全球服务贸易额达到约 7 万亿美元，较 2022 年增长 15%。这一报告强调了服务贸易在全球经济中日益重要的地位，同时指出服务业已成为各国提升生产力、竞争力和生活水平的关键因素。随着全球数字化浪潮的推动，服务贸易的数字化和智能化程度不断提高，促使各国更加关注服务贸易的发展。东北亚国家应当积极应对这一发展趋势，加强数字基础设施建设，推动数字化技术在服务领域的广泛应用，以更好地参与全球服务贸易的竞争，促进区域内服务业的繁荣和创新。

三是高新技术合作潜力巨大。随着东北亚国家的经济发展，产业结构也将不断升级。未来，高新技术、新材料、新能源等产业将成为东北亚地区的发展重点。对于企业而言，加强技术研发和创新能力将成为保持竞争优势的关键。

四是环保与可持续发展。随着全球环保意识的不断提高，东北亚地区也将面临环境保护和可持续发展的新挑战。未来，企业需要更加注重环境保护和可持续发展，积极发展绿色经济和环保产业，为实现可持续发展做出贡献。

四、东北亚各国经贸形势现状与特点

（一）中国经贸形势现状与特点

1. 中国经济形势现状

（1）经济逐步复苏

世界银行的数据显示，2018~2022 年，中国 GDP 增长率明显放缓（见图 1-1），GDP 增长率从 2018 年的 6.75% 逐渐下滑，至 2020 年降至 2.24% 的低点。2021年，中国经济有所恢复，GDP 增长率回升至 8.45%，但 2022 年再次放缓至2.99%。整体而言，这五年间中国经济增长速度有所放缓，且受到外部冲击的影响较大，但展现出了一定的恢复力。

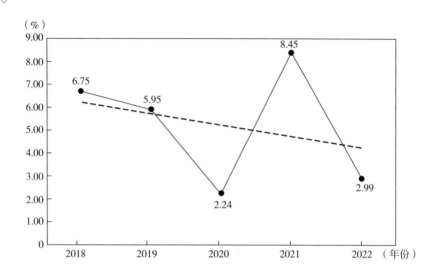

图 1-1　2018~2022 年中国 GDP 增长率

注：表中数据不包含中国的香港、澳门和台湾地区。

资料来源：世界银行。

中国国家统计局发布的《2022 年国民经济和社会发展统计公报》显示，2022 年国内生产总值① 1210207 亿元，比 2021 年增长 3.0%。其中，第一产业增加值 88345 亿元，比 2021 年增长 4.1%；第二产业增加值 483164 亿元，增长 3.8%；第三产业增加值 638698 亿元，增长 2.3%。第一产业增加值占国内生产总值比重为 7.3%，第二产业增加值比重为 39.9%，第三产业增加值比重为 52.8%。2022 年最终消费支出拉动国内生产总值增长 1.0 个百分点，资本形成总额拉动国内生产总值增长 1.5 个百分点，货物和服务净出口拉动国内生产总值增长 0.5 个百分点。2022 年人均国内生产总值 85698 元，比 2021 年增长 3.0%。国民总收入② 1197215 亿元，比 2021 年增长 2.8%。全员劳动生产率③为 152977 元/人，比 2021 年提高 4.2%。

---

　　① 国内生产总值、三次产业及相关行业增加值、地区生产总值、人均国内生产总值和国民总收入绝对数按现价计算，增长速度按不变价格计算。

　　② 国民总收入，原称国民生产总值，是指一个国家或地区所有常住单位在一定时期内所获得的初次分配收入总额，等于国内生产总值加上来自国外的初次分配收入净额。

　　③ 全员劳动生产率为国内生产总值（按 2020 年价格计算）与全部就业人员的比率。

（2）就业和物价相对稳定

据中国国家统计局数据，2022年中国的经济总量达到了18万亿美元，仅次于美国，稳居世界第二。人均国内生产总值也增至85698元，换算成美元超过12000美元。具体来说，2022年，全国城镇新增的就业岗位达到1206万个，超过了年度设定的1100万个目标。2022年末，全国城镇调查失业率从2021年4月的高点降低至5.5%。

2022年，中国居民消费价格指数（CPI）的涨幅在整个年度内都没有超过3.0%，全年涨幅仅为2.0%。与其他的发达经济体如美国（8.0%）、欧元区（8.4%）等相比，这一涨幅明显较低。与此同时，与新兴经济体如印度、巴西、南非等6%~10%的涨幅相比，中国的物价涨幅也显得更为稳定。可以说，"中国价稳"与"全球通胀"形成了鲜明的对比。

（3）对外贸易明显复苏

中国对外贸易的明显复苏是当前全球经济格局中的重要亮点。这一复苏表现在多个方面，反映了中国在国际贸易中的强劲表现和强大的经济韧性。

一是进出口韧性强、规模大。中国国家统计局公布的《2022年国民经济和社会发展统计公报》数据显示，中国货物进出口总额为420678亿元，同比增长7.72%（见表1-7），创历史新高。这表明中国的进出口规模在持续增长，凸显出中国在全球贸易中的重要地位和强大的贸易韧性。

二是贸易伙伴结构优、增势好。中国对主要贸易伙伴的进出口总额持续增长，2022年，我国对东盟、欧盟、美国的进出口额分别增长15%、5.6%和3.7%。同期，我国对共建"一带一路"国家的进出口总额达到138339亿元，同比增长了19.4%，占我国外贸总值的32.9%。这种多元化的贸易伙伴结构，既表明中国与世界各地的贸易联系日益紧密，也为中国经济的发展注入了新动力。

三是贸易顺差扩大。中国贸易顺差的扩大，表明中国在全球贸易中占据更为有利的地位，在某些领域具备了较高的竞争力。

四是数字贸易的崛起。随着数字经济的快速发展，中国在数字贸易方面取得了显著进展。电子商务、数字支付和其他数字贸易形式的兴起进一步推动了中国对外贸易的发展。

表 1-7 2018~2022 年中国进出口贸易额 单位：亿元，%

年份	进口额	出口额	进出口总额	总额增长率
2018	140880	164129	305009	9.68
2019	143254	172374	315628	3.48
2020	142936	179279	322215	2.09
2021	173608	216908	390516	21.20
2022	181024	239654	420678	7.72

资料来源：中国海关总署。

随着经济逐步恢复常态化运行，我国外贸的韧性得到彰显。一方面，我国是全球产业链、供应链和价值链的重要组成部分，面对国际经贸格局深刻调整，我国依托超大规模的市场优势和完备的产业体系，有效抵御了外部风险传导；另一方面，我国坚持推进高水平对外开放，积极打造市场化、法治化、国际化一流营商环境，促进生产要素有序流动和合理配置，吸引更多外资企业来华投资兴业。

（4）双向直接投资发展稳定①

全球疫情大流行背景下，我国经济领先各国复苏，外国投资者对中国信心持续增强，跨国企业对在华产业链供应链的高度依赖促使来华外资积极拓展，外国直接投资出现超预期增长。2020 年和 2021 年，国际收支口径的直接投资净流入为 2531 亿美元和 3340 亿美元，分别增长 35.2% 和 32%。在外国直接投资加快流入的推动下，直接投资顺差规模显著上升，由 2019 年的 503 亿美元升至 2020 年的 994 亿美元，进一步升至 2021 年的 2059 亿美元。其中，2021 年中国全年实际使用外资达到 1809.6 亿美元，增速达 21.2%，新设外资企业 4.8 万家，同比增长 23.5%，实现引资规模和企业数量"双增长"。

如图 1-2 所示，2017~2021 年，中国一直是全球最大的 FDI 吸收国之一，吸引了大量外国投资，并且保持稳定的增长趋势。这主要得益于中国强大的制造业基础和不断发展的消费市场。反之，2017~2021 年，由于各种原因中国的对外直接投资（FDI）呈下降趋势。

----

① 李若愚. 后疫情时期国际收支稳定面临的挑战有增无减［EB/OL］. 中国网，［2023-02-14］，ht-tp：//ydyl. china. com. cn/2023-02/14/content_85105696. htm.

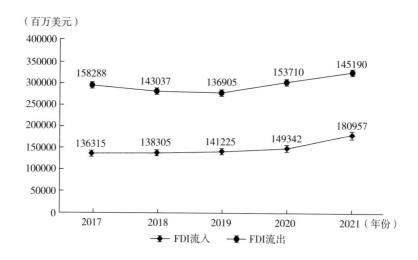

图 1-2 2017~2021 年中国双向 FDI 规模

资料来源：笔者根据 UNCTAD 发布的 World Investment Report（2022）数据整理。

2022 年，中国的外商直接投资（FDI）总体呈下降趋势，但仍在全球前列。中国商务部数据显示，2022 年，中国的 FDI 为 1903 亿美元，虽然低于 2021 年的 3340 亿美元和 2020 年的 2531 亿美元，但仍然在全球范围内表现出色。2022 年，中国的外资 FDI 近 1900 亿美元，同比增长 8%。其中，制造业实际使用外资同比增长 46%，占总量的 26%。这一数据反映了中国在全球价值链中的重要地位，尤其是在制造业方面的竞争力不断提升。

总的来说，尽管受全球经济复苏缓慢和其他不确定性因素的影响，中国的 FDI 仍然保持稳定的增长。这反映了中国在吸引外资方面的持续努力，以及外国投资者对中国经济和制造业的信心。

2. 中国对外经贸合作特点

（1）对外开放水平进一步提高

近年来，中国对外开放水平在多个方面持续提高，具体表现在制度型开放持续优化、开放平台功能进一步增强以及多双边经贸合作深入推进。

一是制度型开放持续优化。截至 2022 年，全国和自贸试验区外资准入负面清单分别压缩了 6.1% 和 10%。这意味着外商在进入中国市场时所面临的限制越来越少，准入门槛逐步降低。此外，中国不断鼓励外商投资，2022 年版的《鼓励外商投资产业目录》相较于2020年版增加了近20%的鼓励条目，为外商提供了更多的投资选择。这一系列政策优化和减少负面清单的举措，加速了外资在中国市场的布局。在引资制度政策体系逐步完善的同时，中国还出台了《海南自由贸易港跨境服务贸易特别管理措施（负面清单）》，进一步拓展了开放领域。该文件明确了在海南自由贸易港内，对境内外服务提供一视同仁、平等准入的原则。通过这一举措，服务贸易在管理模式上实现了重大突破，大大提高了服务贸易的开放度、透明度和可预见度，不仅有利于服务业的发展还推动了整体经济的国际化进程。这些制度型开放的优化举措，使得中国成为全球外商投资的热门目的地之一。

　　二是开放平台功能进一步增强。近年来，中国政府对各类经济开发区进行持续的投资和改革，以提升其吸引外资的能力。这些开发区在税收优惠、土地使用优惠、劳动力成本优势等方面提供了有利条件，进一步增强了对外资的吸引力。同时，通过优化管理、提升服务水平，经济开发区基础设施建设、人才聚集、产业链完善等方面得到了显著提升。政府还不断推进"放管服"改革，减少审批环节，降低市场准入门槛，为各类市场主体提供了更加公平、公正、透明的营商环境。另外，中国积极参与全球经济治理体系的建设和完善，推动全球贸易规则的制定和实施。中国不仅是世界贸易组织的成员，也是一系列多边贸易协定的签署国，通过这些平台，中国为全球贸易的稳定和发展作出了贡献。同时，中国还深度参与了二十国集团、亚太经合组织等多边经济合作机制，为全球经济治理体系的改革和完善提供了中国智慧和方案。

　　三是多双边经贸合作深入推进。中国积极参与多边合作，推动了全球自由贸易格局的形成。特别是与多个国家签署的自由贸易协定，如共建"一带一路"国家和地区，为中国与其他国家的互利合作提供了坚实基础。同时，中欧、中美等重要双边关系也在经济领域有了更深层次的合作。据商务部初步统计，2022年，克服了外部环境的不利影响，我国对外投资平稳发展，稳中有进，全行业对外直接投资9853.7亿元人民币，增长5.2%。其中，对外非金融类直接投资7859.4亿元人民币，增长7.2%。对外承包工程完成营业额10424.9亿元人民币，增长4.3%；新签合同额17021.7亿元人民币，增长2.1%。

（2）市场潜力不断释放①

在党中央、国务院和各地出台一系列促消费、培育壮大国内市场政策措施的推动下，中国消费市场持续恢复，国内市场逐步由大向强迈进。2021年消费市场有三大亮点：一是总体稳健增长。受益于党中央和国务院的一系列政策，消费市场展现出强大的恢复力，零售总额实现了12.5%的同比增长，达到了44.1万亿元的新高。二是消费主导地位突出。最终消费支出对经济增长的贡献率达到了65.4%，这一数字是近年来的峰值，显示了消费在驱动经济增长中的核心作用。三是新兴消费领域崛起。新型消费和绿色消费成为亮点，其中实物商品网上零售额同比增长12%，而新能源汽车销量更是激增了160%。然而，到了2022年，消费市场出现了一些变化：一是总体略显疲软。社会消费品零售总额微降0.2%至439733亿元。二是城乡消费差异。城镇消费品零售额下降了0.3%，而乡村消费品零售额基本持平。三是商品零售与餐饮分化。商品零售额仍然实现了0.5%的增长，但餐饮收入则下降了6.3%。

从2021年、2022年中国社会消费品零售总额来看，尽管2022年消费市场略显疲软，但整体上仍然展现了一定的韧性。这可能意味着在面对外部环境和宏观经济的变化时，消费市场正在经历一些调整和适应。中国经济已经从高速增长阶段转向高质量发展阶段，消费已经成为经济增长的主要引擎。随着中国经济的不断发展，人民收入水平不断提高，消费需求也在不断增加，这为中国经济的发展提供了强大支撑。首先，中国的人口规模巨大，消费市场潜力巨大。中国人口数量已经超过14亿，其中中产阶层人数不断增加，消费能力也在不断提高。中产阶层的消费需求不仅是基本生活需求，还包括更高品质的消费需求，如旅游、教育、医疗等。其次，中国政府不断推出扩大内需的政策，为消费市场提供了更好的消费环境。政府加大了对消费领域的投资，包括加强消费者权益保护、推进消费税改革、扩大消费信贷等，这些政策的出台将进一步促进消费市场的发展。最后，随着数字化、智能化、网络化等新技术的不断发展，消费市场也在不断升级。新技术的应用将为消费者提供更加便捷、高效、个性化的消费体验，这将进一步激发消费市场的潜力。

---

① 资料来源：商务部。

总之，未来中国经济增长的最大潜力在于消费潜力的不断释放。消费市场的不断扩大和升级将为中国经济的发展提供强大的支撑，同时也将为全球经济的发展注入新的动力。

（3）科技创新支撑作用增强

中国在科技创新方面的进展和成就，涵盖了研发经费投入、研发强度、国际科技合作、知识产权保护、科技成果转化等多个方面。国家统计局数据显示，首先，2022 年，中国研究与试验发展经费投入总量达 30870 亿元，首次突破 3 万亿元大关，比 2021 年增长 10.4%。这表明中国对科技创新的投入持续保持两位数增长。研发经费强度再创新高，达到 2.55%，比 2021 年提高 0.12 个百分点，明显高于"十三五"以来年均增幅。其次，2022 年，中国基础研究经费支出为 1951 亿元，比上年增长 7.4%，占研发经费比重为 6.32%，连续 4 年保持 6% 以上的水平。此外，中国已与 160 多个国家和地区建立科技合作关系，签订了 114 个政府间科技合作协定。最后，2022 年，中国已授权并维持有效的发明专利拥有量为 421.2 万件，同比增长 17.1%。政府加强了知识产权法律法规的制定和执行，推动科技成果的转化和商业化。此外，中国还积极推进"一带一路"联合实验室建设和技术转移中心建设，推动科技创新合作。

中国在科技创新方面的成就还体现在以下三个方面：首先，科技创新对经济增长的贡献率不断提高。中国在人工智能、大数据、云计算等领域的科技发展迅速，并已经在这些领域取得了世界领先的成果。这些技术的发展为中国的数字经济和实体经济提供了强有力的支持，也在一定程度上推动了全球科技进步。其次，中国在高速铁路、5G 等领域的科技发展也取得了重大进展。中国是全球唯一拥有全部工业门类的国家，这使得中国在科技创新方面有着得天独厚的优势，也为全球科技进步提供了有力保障。最后，中国的科技创新体系不断完善。中国政府通过加强对科技创新的投入、加强对科技创新的支持和管理等措施，不断完善科技创新体系，促进了科技创新的发展。

总之，中国在科技创新方面已经取得了显著成就，这些成就不仅为中国经济的可持续发展提供了有力支撑，也为全球科技进步做出了重要贡献。未来，随着中国政府对科技创新的持续重视和支持，以及中国经济的持续发展和壮大，中国在科技创新方面的成就将会更加辉煌。

（4）数字技术和实体经济融合

数字经济在中国的发展成为稳增长、促转型的重要引擎，涉及多个领域，包括基础设施建设、产业转型、文化市场、农业等。数字技术与实体经济的融合深入推进，为中国经济提供了新动能。

中国数字技术和实体经济融合主要有以下特点：一是数字基础设施建设加快。中国正在加快"双千兆"网络建设，建成世界上规模最大的光纤网络和5G网络将为数字经济的发展提供坚实的基础设施支撑。二是产业数字化转型加速。中国正在大力推动产业数字化转型，通过数字化技术提升生产效率和产品质量，实现产业升级和转型。三是数字文化市场繁荣发展。中国的数字文化市场呈现出繁荣发展的态势，网络视频、短视频、网络直播和网络游戏等数字娱乐形式受到广泛欢迎，市场规模不断扩大。四是农业数字化进程加快。农业数字化正在向全产业链延伸，智能农业新模式得到了广泛推广，包括智能灌溉、精准施肥、智能温室、产品溯源等，这有助于提高农业生产效率和质量。五是对外资企业具有吸引力。中国的产业数字化转型提升了对外资企业在华投资的吸引力，"机器换人"等数字化技术不仅缓解了劳动力成本上升的压力，还提高了生产效率和产品质量。

综上所述，中国数字技术和实体经济融合的特点是加快数字基础设施建设、推动产业数字化转型、繁荣发展数字文化市场、加快农业数字化进程以及提升对外资企业的吸引力。这些特点表明中国正在积极推动数字经济的发展，并通过数字化技术和实体经济的深度融合来提升产业升级和转型的效率和质量。

（二）日本经贸形势现状与特点

1. 日本经济形势现状

（1）经济持续低迷

根据世界银行统计的数据，2018～2022年，日本GDP增长率波动显著（见图1-3），从2018年的0.64%降至2019年的-0.40%，随后在2020年至-4.15%。2021年，日本经济有所恢复，增长率回升至2.56%，但2022年再次放缓至0.95%。整体来看，这五年间日本经济增长不稳定，显示出明显的起伏和波动。国际货币基金组织数据显示，2022年，日元大幅贬值导致以美元计算的日本人均GDP下降了14%，只有3.44万美元（约24万元），世界排名仅为第28，不到美国的一半，已经被中国台湾超越（3.55 万美元），快要被韩国追平（3.36 万美元）。

根据日本内阁府公布的初步统计结果，2022 年日本实际国内生产总值（GDP）为 546 万亿日元，同比增长 1.1%。个人消费是日本经济的重要组成部分，占日本经济比重超过 1/2。数据显示，2022 年，日本个人消费比 2021 年增长了 2.1%，表明消费者对经济的信心和消费能力有所提升。但受全球经济减速和日元显著走软等因素的影响，日本货物及服务出口增幅受到抑制，进口增幅扩大，导致外需对日本经济的贡献度降至负区间，而内需对经济增长的贡献为 1.7 个百分点。

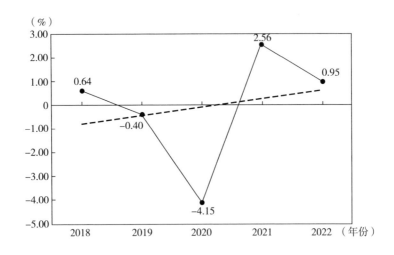

图 1-3　2018~2022 年日本 GDP 增长率

资料来源：世界银行。

（2）滞胀风险凸显

2021 下半年以来，日本物价快速上涨。截至 2022 年 6 月，核心通胀指数已连续 10 个月同比上涨。2022 年 6 月不包括生鲜食品在内的核心消费者价格指数（CPI）同比上涨 2.2%，连续第三个月高于日本央行 2% 的目标，创下自 2016 年 2 月以来的最大涨幅。日本电费、管道天然气、汽油价格涨幅分别达到 18%、21% 和 12.2%，食用油价格一年累计上涨 36%。根据日本内阁府公布数据，2022 年，占日本经济比重 1/2 以上的个人消费比 2021 年增长了 2.1%；设备投资增长 1.8%；住宅投资减少 4.7%；货物及服务出口增长 4.9%。

日本物价上涨有两个主要原因：一是地缘局势升温造成国际市场油气等资源类商品价格持续高涨，使得严重依赖进口的日本面临严重成本推升型涨价。二是日元大幅贬值。由于欧美央行纷纷加息，而日本央行宣布继续坚持宽松货币政策，将短期利率维持在-0.1%的水平，并通过购买长期国债，使长期利率维持在0%左右。① 日元大幅贬值加剧了进口商品价格上涨，能源涨价压力被进一步放大。日本的通胀并非来自需求端，并不是因为供不应求的经济回暖，而属于输入型通胀。面对商品价格上涨，由于企业本身的利润没有改善，上涨的成本只能由消费者来承担。在收入没有增加的情况下，成本上升型通胀挤压了普通人的可支配收入，使得购买力下降，需求被抑制，不利于日本经济复苏。

（3）对外贸易明显复苏

如表1-8所示，2020年，日本进出口贸易总额比2019年下降了10.60%，但在2021年增长了20.03%，恢复到2019年水平。2022年，日本进出口贸易额为16571.71亿美元，增长8.23%。其中，出口额7520.72亿美元；进口额9050.99亿美元。日本财务省公布的数据显示，2022年，日本累计出口98.19万亿日元，增长率18.2%；受汽车、矿物燃料、钢铁等领域出口拉动，2022年日本出口额比2021年增长18.2%至98.19万亿日元；由于原油、煤炭、液化天然气等产品进口价格显著上涨以及日元汇率走软，进口额增长39.2%至118.16万亿日元。2022年，日本贸易收支逆差达19.97万亿日元，创有可比统计以来新高。国际大宗商品价格上升是日本进口额持续增长的主要原因。随着国际市场上大宗商品价格的不断攀升，包括能源、金属、粮食等在内的商品成本上涨，导致日本的进口额增加。未来，如果大宗商品价格继续保持高位，将进一步推动日本的贸易逆差状况。

表1-8　2012~2022年日本进出口贸易量　　　　单位：亿美元，%

年份	出口额	进口额	进出口总额	总额增长率
2012	7986.20	8860.31	16846.51	0.36
2013	7150.97	8331.66	15482.63	-8.10

① 陈佳怡. 日本央行公布利率决议：基准利率维持在-0.1%10年期国债收益率目标维持在0%附近[EB/OL]. 中国证券网，[2022-07-21]，https://news.cnstock.com/news，bwkx-202207-4925758.htm.

续表

年份	出口额	进口额	进出口总额	总额增长率
2014	6902.17	8121.85	15024.02	-2.96
2015	6250.06	6484.36	12734.42	-15.24
2016	6455.89	6080.72	12536.61	-1.55
2017	6980.22	6721.00	13701.22	9.29
2018	7381.64	7490.92	14872.56	8.55
2019	7058.42	7209.64	14268.06	-4.06
2020	6409.53	6346.78	12756.31	-10.60
2021	7574.61	7737.21	15311.82	20.03
2022	7520.72	9050.99	16571.71	8.23

资料来源：笔者根据 WTO 公开数据整理，网址：www.wto.org/english/res_e/statis-e.htm。部分数据因四舍五入的原因，存在总计与分项合计不等的情况。

（4）双向直接投资发展稳定

日本是对外投资大国，如图 1-4 所示，2017~2021 年，日本外资流出远远高于外资流入，但外资流入呈快速增长趋势。一方面，受新冠疫情影响，2020 年

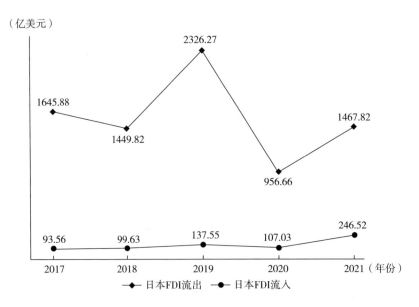

图 1-4　2017~2021 年日本双向 FDI 规模

资料来源：笔者根据 UNCTAD 发布的 World Investment Report（2022）数据整理。

日本吸收外资 10703 百万美元，比 2019 年略有下降，但 2021 年又快速恢复，甚至比疫情前的 2019 年增长了 79.2% 至 24652 百万美元。另一方面，日本对外投资则呈波动趋势，2020 年比 2019 年减少 60%，2021 年有所好转，恢复到 2019 年的 63%。

2022 年，日本对东盟的直接投资收益为 37213 亿日元，比 2021 年增长 69.8%。东盟占日本对外直接投资总收入的 13.5%，约为美国（26.3%）的一半，但高于中国（11.6%）和欧盟（11.2%）。新加坡和泰国是最大的两个收入来源。紧随两国之后，印度尼西亚增长 2.3 倍至 4891 亿日元，越南增长 88.8% 至 3409 亿日元，马来西亚增长 40.3% 至 2129 亿日元，菲律宾增长 93.6% 至 1824 亿日元。从行业来看，整个东盟的制造业和非制造业大约各占一半。在制造业中，运输设备大幅增长 96.7% 至 7086 亿日元。在非制造业中，批发零售业增长 91.7% 至 8658 亿日元；金融保险业增长 54.4% 至 5815 亿日元。

2. 日本对外经贸合作特点

（1）全面加强经济安全保障

首先，在机构建设方面，日本采取了多项举措。2019 年 6 月，日本产业省设立了"经济安全保障室"，期望在经济安全领域发挥"指挥平台"职能，以提升日本产业的竞争力。2020 年 4 月，日本成立了国家安全保障局（NSS），设立了"经济班"，强化经济技术与外交安保的统筹应对。2020 年 8 月，日本在综合外交政策局内设立"经济安全保障政策室"，重点关注技术流出与网络安全问题。岸田政府上台后，将经济安全纳入国家战略，并设立了专门的"经济安保大臣"，负责制定与经济安全相关的国家战略。

其次，在法治体系方面，日本通过法规的设立与完善来强化经济安全。2020 年，日本制定并实施了《外汇法》，对外国资本获得与日本安全保障相关行业企业股份需事先申报的门槛从 10% 降至 1%。这一法规的实施有效限制了外国资本对关键行业的控制，保障了国家的核心安全利益。为了进一步加强经济安全法治建设，日本在 2022 年 5 月通过了《经济安全保障推进法案》（以下简称《法案》）。《法案》于 2023 年开始阶段性实施，从强化供应链、确保重要基础设施的安全性、培育保全尖端技术、专利非公开四个方面推进经济安保。《法案》为经济安全提供了更为有力的法治支持，为应对多样化的经济安全挑战提供了更为灵活的法规手段。通过法治体系的不断完善，日本在经济安全领域建立了更为健全的法规框架，为国家在面临各类经济威胁时能够更果断和有力地采取行动提供了有力支持。

（2）积极推动 FTA 战略

一是积极利用 RCEP 推动经济复苏。RCEP 生效后，总体关税取消率达到 91%，中韩两国对日本产品征收的关税按品类比例将分别取消 86% 和 83%[①]，关税下降拉动日本贸易增长已初显成效。根据日本政府的测算，RCEP 将给日本带来 15 万亿日元的经济增量，有望将日本的 GDP 提高 2.7 个百分点，同时增加 57 万个工作岗位[②]，这将助力日本经济的复苏。

日本海关总署数据显示，2022 年 5 月，日本出口额同比增长 15.8% 至 7.25 万亿日元，进口额同比增长 48.9% 至 9.64 万亿日元，其中日本与 RCEP 成员方的进出口总额为 76151.46 亿日元，占日本进出口总额约 45%。[③]

在国际直接投资流动（FDI）方面，RCEP 有助于优化日本跨国公司区域布局，加深与中国、韩国以及东南亚国家的区域内供应链产业链深度融合，构建短距离区域供应链，提高供应链韧性。数据显示，2021 年世界各国对日本直接投资存量为 40.5 万亿日元，同比增加 3164 亿日元。其中，欧洲占比 44%，亚洲占比 24%，北美占比 23.4%。[④]

二是通过主导 CPTPP 提升国际影响力。日本通过主导 CPTPP 在多边场合展示了协调和领导的能力。在谈判过程中，日本成功促使各成员国就贸易、知识产权、环境等一系列议题达成一致，表现出卓越的外交和谈判技巧。这为日本在国际社会中的声望提供了强有力的支撑。通过稳步实施和推动 CPTPP 的扩大，日本不仅加强了区域内的经济合作，还在全球贸易规则制定和塑造中发挥了更为重要的作用。通过推动高标准规则的执行、支持 CPTPP 的扩容，日本争取在国际贸易体系中保持领导地位，为其在全球事务中的发声权和决策权争取更大空间。

---

① RCEP 生效区域内 90% 以上产品将逐步零关税［EB/OL］.光明网，［2022-07-21］.https：//m.gmw.cn/baijia/2022-07/21/133054636.html.

②③④ 以邻为合，RCEP 助力日本经济复苏［EB/OL］.中国商务新闻网，［2022-03-07］，http：//swj.changzhou.gov.cn/index.php? c=phone&a=show&id=18066&catid=12275.

（3）加强经贸规则制定与引领

主导国际经贸规则制定是当今世界国际经济竞争的制高点，因为掌握国际规则制定权不仅可以扩大国家利益空间，还是衡量强国地位的主要标志。为此，一方面，日本政府实施了以 TPP/CPTPP 为龙头，以日欧 EPA、RCEP、中日韩 FTA 等双边、多边自由贸易协定等为抓手的区域经济一体化战略，使日本"成为在区域层面以及双边层面创造规则的国家"；另一方面，日本政府高度重视峰会外交的"规则设定与建章立制"功能，在 G20 大阪峰会期间充分利用主场外交的优势，通过设立峰会议题，创立制定数字经济国际规则的"大阪轨道"，以"协调人"的角色力推 WTO 改革，使日本主导国际经贸规则制定的战略取得了重要进展。日本争夺国际经贸规则制定主导权的经验对中国具有重要的启发和借鉴价值。

（4）供应链加速重构

日本的供应链政策正在经历一场由全球化向本土化转变的深刻变革。20 世纪 80 年代以来，日本积极推动"走出去"政策鼓励企业到成本低廉、市场前景好的国家投资，建立全球生产、销售体系。然而，随着全球经济形势的变化和地缘政治风险的增加，日本开始重新审视其供应链政策。近年来，日本政府提出了强韧供应链的战略目标，旨在提高供应链的弹性和独立性，减少对特定国家的过度依赖，并推动供应链的多元化和分散化。为了实现这一目标，日本采取了一系列措施，包括提高本土化生产水平、加大对核心科技产业的补贴力度、鼓励企业回流日本等。其中，东南亚国家被视为推进多元化供应链体系建设的重点区域。日本政府积极与该地区开展合作，支持当地基础设施建设和发展，以提高其供应链的吸引力和竞争力。此外，日本将医疗卫生和科技产业作为提升本土化生产水平的重点领域，鼓励企业加大投资力度，提高国内就业率和经济发展水平。同时，日本政府还将供应链的过度集中视为经营风险。这些变革反映了日本供应链政策的重大转变，从以往的"国际化""全球化"观念逐渐转向"本土化""区域化"。这种转变不仅体现了日本在全球化进程中的自我调整和适应，也反映了其在维护经济安全和独立方面的战略思考和行动。

（三）韩国经贸形势现状与特点

1. 韩国经济形势现状

（1）经济下滑

2018~2022年，韩国GDP增长率呈现出明显的波动。2018年，韩国GDP增长率为2.91%，到了2019年，GDP增长率略降至2.24%。进入2020年，韩国GDP增长率骤降至-0.71%，出现负增长。2021年，韩国经济有所恢复，增长率回升至4.30%，实现了较高的增长。但到了2022年，GDP增长率再次放缓至2.61%。整体来看，这五年间韩国经济增长受到外部环境的显著影响，呈现出较大的起伏和不确定性（见图1-5）。据韩国央行公布的数据，尽管韩国在2022年实现了2.6%的经济增长，其名义GDP达到了历史性的高度（2150.6万亿韩元），但考虑到美元对韩元的汇率大幅下降时，以美元计算的GDP实际上较2021年减少了0.14万亿美元。因此，在全球的GDP排名中，韩国从2021年的第11位下滑到了第13位，落后于巴西和澳大利亚。与中国第一经济大省广东相比，差距从2021年的0.11万亿美元扩大到2022年的0.25万亿美元。

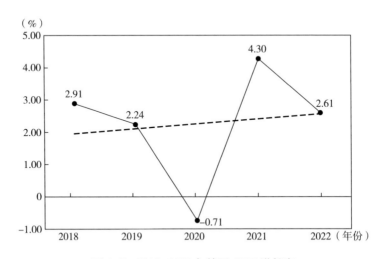

图1-5 2018~2022年韩国GDP增长率

资料来源：世界银行。

（2）对外贸易下降迅猛

韩国进出口总额在2019年、2020年连续下降之后，2021年以28.47%的增速反弹，达到 12594.73 亿美元（见表 1-9）。世贸组织数据显示，2021 年，韩国是世界第七大货物出口国和第九大进口国。2022 年上半年同比增长在 20% 以上，进出口总额达到 7109 亿美元，其中出口总额为 3503 亿美元，同比增长 15.6%，进口总额为 3606 亿美元，同比增长 26.2%。由于国际能源价格大涨和韩元贬值，2022 年上半年，韩国贸易逆差为 103 亿美元，首次突破 100 亿美元，历年上半年最大贸易逆差是 1997 年的 91.6 亿美元。① 但是，根据韩国产业通商资源部 2023 年 1 月 1 日发布的《2022 年 12 月及全年进出口动向》报告，2022 年，韩国外贸总额为 14151 亿美元；同期，韩国出口额为 6839 亿美元，同比增长 6.1%；进口额为 7312 亿美元，同比增长 18.9%。由此，贸易收支出现 472 亿美元的逆差，创历史新高。这是自 2008 年全球金融危机（132.6 亿美元）以来，韩国时隔 14 年首次出现贸易逆差，且规模为金融危机前 1996 年（206.2 亿美元）的两倍，刷新历史最高纪录。② 2022 年，韩国出现高额贸易逆差的原因是韩国进口成本，特别是能源进口成本暴涨，甚至同比 2021 年增长了整整 31.5%。

表 1-9　2012~2022 年韩国进出口贸易量　　单位：亿美元,%

年份	出口额	进口额	进出口总额	总额增长率
2012	5478.54	5195.76	10674.30	-1.13
2013	5596.49	5155.61	10752.10	0.73
2014	5730.91	5255.64	10986.55	2.18
2015	5269.01	4365.48	9634.48	-12.31
2016	4954.66	4060.60	9015.26	-6.43
2017	5737.17	4784.14	10521.31	16.71
2018	6051.69	5351.72	11403.42	8.38
2019	5423.33	5032.59	10455.93	-8.31
2020	5127.89	4675.40	9803.29	-6.24
2021	6444.39	6150.34	12594.73	28.47
2022	6835.85	7313.66	14149.51	12.34

资料来源：笔者根据 WTO 公开数据整理，网址：www.wto.org/english/res_e/statis-e.htm。

① 资料来源：笔者根据世界贸易组织（WTO）2022 年 7 月份公开的数据整理，网址：www.wto.org/english/res_e/statis-e.htm。
② 外媒：韩国 2022 年贸易逆差增至 472 亿美元创历史新高［EB/OL］.中新经纬，［2023-01-01］，https://baijiahao.baidu.com/s?id=1753791984859568893&wfr=spider&for=pc。

数据显示，2022 年，韩国对美国出口 1098.2 亿美元，同比增长 14.5%；同期，韩国对东盟出口 1249.5 亿美元，同比增长 14.8%；此外，数据还显示，2022 年，韩国对欧盟出口 681.3 亿美元，同比增长 7.1%；对印度出口 188.8 亿美元，同比增长 21%；对日本出口 306.3 亿美元，同比增长 1.9%。然而，2022 年，韩国对中国出口 1558.1 亿美元，同比 2021 年的 1629.1 亿美元减少了4.4%，不过，中国仍然是韩国最大出口国。从出口商品来看，半导体（1292.3 亿美元，1%）、一般机械（511.3 亿美元，2.1%）、汽车（541 亿美元，16.4%）、石油产品（630.2 亿美元，65.3%）、钢铁（384.6 亿美元，5.7%）、汽车配件（233.2 亿美元，2.4%）、新能源电池（99.9 亿美元，15.2%）、生物健康（163.2，0.3%）8 大商品连续两年出口增加。

2. 双向投资强劲

国际直接投资呈现快速增长态势。2020 年，疫情对韩国的 FDI 流动影响不大，2021 年呈快速增长态势，吸收外资和对外投资均比疫情前翻了一番（见图1-6）。韩国企划财政部发布的数据显示，2022 年，韩国对外直接投资同比增加0.4%，为 771.7 亿美元，连续两年创新高。韩国对外直接投资 2019 年为 654.5 亿美元，2020 年受新冠疫情影响降至 573.5 亿美元后，2021 年升至 768.4 亿美元。按季度来看，韩国对外直接投资 2022 年第一季度达 261.8 亿美元后，第二至第四季度持续下滑，分别为 194.6 亿美元、175.6 亿美元、139.6 亿美元，其中第四季度同比减少 54.8%。这是因为全球高息、地缘政治升温、对经济低迷的担忧等因素导致投资信心萎缩。按行业看，制造业同比增加 28.9%，为 235.9 亿美元。这应该是韩企在海外建芯片厂和电动汽车工厂起到助推作用。按投资对象地看，韩国面向欧洲的投资同比增加 24.8%，面向北美（-1.5%）、亚洲（-2.6%）、中东（-40.1%）和非洲（-63.2%）的投资均减少。按投资对象国看，韩国面向美国（277.7 亿美元）的投资居首，开曼群岛（93.8 亿美元）和中国（65.9 亿美元）分列其后。

韩国产业通商资源部 2023 年 1 月 3 日表示，尽管全球经济存在不确定性，但由于韩国强大的制造业基础以及改善和吸引机构的努力，所以 2022 年外国直接投资为 304.5 亿美元，比 2021 年增长 3.2%，按到达计算为 180.3 亿美元（3.1%），创历史新高，其中，服务业下跌 29.6% 至 165.9 亿美元，占总投资的

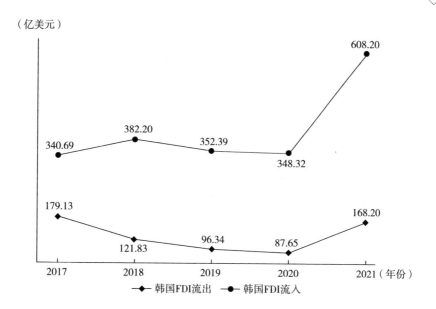

（亿美元）

608.20

382.20
340.69   352.39
348.32

179.13   168.20
121.83   96.34
87.65

2017   2018   2019   2020   2021（年份）

◆ 韩国FDI流出   ● 韩国FDI流入

图 1-6   2017~2021 年韩国国际直接投资

资料来源：笔者根据 UNCTAD 发布的 World Investment Report（2022）数据整理。

比例为 54.5%。从国家（地区）来看，来自美国的投资最多，增长了 65.2%，达到 86.9 亿美元，其次是日本，增长了 26.3%，达到 15.3 亿美元。

3. 韩国对外经贸合作特点

（1）利用 RCEP 促进贸易立国

自 2003 年起，韩国确立了"贸易立国"战略，积极推进自贸区建设，并取得了重要进展。自 2020 年以来，韩国已经在不同国家和地区达成了一系列重要的双边合作框架（见表 1-10），推动了贸易和投资的发展。这些双边合作框架的签署标志着韩国在经济领域寻求更广泛的合作，有助于促进各国之间的经济联系，推动区域和全球的经济发展。

表 1-10   2020 年以来韩国双边合作框架统计

框架名称	时间	涉及国家	合作内容	实施状态		
				已达成	谈判中	倡议中
韩国—乌兹别克斯坦自贸协定	2020 年 3 月	韩国—乌兹别克斯坦	韩国主要出口车辆、机械、建筑材料和设备，而乌兹别克斯坦则出口其自然资源和农产品		倡议中	

续表

框架名称	时间	涉及国家	合作内容	实施状态		
				已达成	谈判中	倡议中
韩国—印度尼西亚自由贸易协定	2020年12月	韩国—印度尼西亚	韩国政府推行新南方政策后，与东盟国家的双边协商首次取得成果。印度尼西亚对韩国的出口产品包括煤炭、煤球、不锈钢产品、胶合板、天然橡胶和纸浆，进口的产品包括电子电路、合成橡胶、钢制品、服装材料等	已签署但尚未生效		
韩国—以色列自由贸易协定	2021年5月	韩国—以色列	货贸、服贸、智慧财产权及高新技术产业等。韩国将对从以色列进口的95.2%的商品征收零关税，以色列将对从韩国进口的95.1%的商品征收相同的关税	已签署但尚未生效		
韩国—菲律宾自由贸易协定	2021年10月	韩国—菲律宾	韩国对菲律宾产品关税最终降为零的比例达到94.8%，菲律宾对韩撤销关税的比例为96.5%	已签署		
韩国—柬埔寨自由贸易协定	2022年2月	韩国—柬埔寨	柬埔寨将撤销93.8%韩国进口货的关税，韩国则取消95.6%柬埔寨进口货的关税。在这份新协定下，韩国的汽车零件、电子产品及药品等可以免关税出口至柬埔寨。柬埔寨的服装、鞋履、手袋、农产品、零部件、橡胶、轻工业产品及电子部件等产品也可以零关税出口到韩国	已签署		

资料来源：笔者根据亚洲区域一体化中心（Asia Regional Integration Center）提供的数据整理得到。

2022年，尽管韩国受到原油、天然气、煤炭三大能源进口额暴增拖累，贸易收支转为逆差，但得益于《区域全面经济伙伴关系协定》（RCEP）生效带来的直接与间接影响，韩国整体出口规模持续扩大。据韩国产业通商资源部统计，随着对东盟及日本等RCEP成员国出口的增长，韩国2022年出口额刷新历史纪录，成为世界第六大出口国，与2021年相比迈上一个新台阶。RCEP于2022年1月1日正式生效，而对韩国生效则在2022年2月1日。据联合国贸易和发展会议预测，RCEP生效时，区域内总贸易额将增加约420亿美元。在加入RCEP的15个国家中，韩国将成为第三大受惠国，区域内贸易额将增加约70亿美元，仅次于日本的200亿美元和中国的110亿美元。从实际结果来看，2022年韩国仅对东盟地区的出口额就增长超过了160亿美元。受到RCEP生效等利好因素拉动，

2022 年韩国出口取得了令人振奋的成绩。据韩国产业通商资源部统计数据，2022 年，韩国出口总额达到 6839 亿美元，刷新了年度出口额最高值。全球出口额排名较 2021 年提升 1 位，再次升至全球第 6 位，仅次于中国、美国、德国、荷兰和日本，出口大国的地位进一步巩固。从地区来看，韩国对 RCEP 成员国中的中国、东盟和日本的出口总额就达到约 3114 亿美元，几乎占韩国出口总额的一半。其中，韩国最大的出口对象国仍是中国，出口额为 1558.1 亿美元；而出口规模增速最快的地区是东盟，出口额达到 1249.5 亿美元，创下了有统计以来的最高数值，增幅也达到了 14.8%。受益于 RCEP 生效带来的关税下调优惠，半导体、显示器、石油制品等韩国对东盟主力出口产品的出口额持续增长。在 2021 年对东盟出口的高增长基数上，韩国已连续两年更新最高出口数值。

为使 RCEP 给本国企业带来的效益最大化，韩国产业通商资源部、关税厅、大韩贸易投资振兴公社、韩国贸易协会等机构共同发行了《RCEP 活用共同指南》，以各领域的事例对 RCEP 规则的活用战略和原产地验证时的注意事项、其他国家的运用策略等相关内容进行了详细说明。

此外，产业通商资源部和大韩贸易投资振兴公社为了让韩国企业更容易进军新开放的日本市场，于 2022 年 11 月在日本东京开设了 "RCEP 活用支援中心"，为出口企业提供原产地证明、通关、非关税壁垒障碍消除等咨询服务。由此可见，RCEP 的落地生效对韩国的 "贸易立国" 具有重要作用。

（2）韩日经贸合作升温

多种因素可能导致韩日经贸关系有所改善。首先，双边经贸合作内在动力加大。RCEP 为韩国开拓对日出口打开了突破口。尽管关税降低是一个缓慢长期的过程，效果显现有一定的迟滞，但韩国对日出口已连续两年实现增长，2022 年出口额达 306.3 亿美元。日本是韩国主要的农产品出口市场，RCEP 生效为韩国农产品进一步拓宽了在日本的生存空间。根据 RCEP，日本已对烧酒、米酒、清酒、梨、蘑菇等韩国农副产品开放。韩国酒类产品借助在日本热播韩剧的人气，已渐渐成为热销产品。其次，日韩经贸关系由摩擦对立转向携手合作。日韩重回对方的出口 "白名单"，并召开了首届经济安全磋商会议，旨在促进两国新兴技术及供应链合作。日本首相岸田文雄访韩期间还与韩国产业界人士举行座谈会，就扩大日韩经济合作交换意见。最后，IPEF 成为改善韩日关系的重要契机。目前，韩日正式加入 IPEF，并以此为基础推进韩国加入 CPTPP。

（3）强化经济安全

2021 年 5 月，韩国政府发布《K-半导体战略》。2021 年 6 月 24 日，韩国产业通商资源部召开了 2021 年第一次外商投资委员会，推出了"先进的外商投资招商战略"，该战略将有助于确保韩国的供应链安全，在全球范围内加强和重组半导体、疫苗和二次电池等战略物资的供应链，目的是积极吸引外商直接投资。2021 年 7 月，韩国出台了《二次电池产业发展战略》。2022 年 2 月，韩国制定了《加强和保护国家先进战略产业竞争力特别法》，包括对半导体在内的各种尖端行业的支持，目的是争夺全球先进产业的主动权。韩国政府据此制定了具体的行动计划，防止核心人力资源外流的措施，并决定建立核心人力资源数据库，要求限制海外转业，检查转业和移民情况。三星与 SK 海力士等 153 家半导体相关企业均参与了这项计划，未来十年，这 153 家半导体企业将斥资 4500 亿美元（约510 万亿韩元），打造韩国的"战略武器"。

韩国强化经济的另一表现是供应链重构。韩国政府鼓励本土企业增加国内生产能力，以减少对中国进口的依赖，包括提供财政支持、减税和鼓励创新技术的发展，以提高韩国企业在国内生产方面的竞争力。韩国积极参与区域经济合作，如与东南亚国家的自由贸易协定（如韩中日自由贸易协定）和区域全面经济伙伴关系协定（RCEP）。这些协定有助于扩大韩国企业的市场和供应链网络。此外，韩国企业积极寻找多个国家和地区的替代供应链来源，例如，亚洲国家（如越南、印度、泰国和印度尼西亚）以及其他地区（如墨西哥和欧洲国家）的合作伙伴和供应商。

但是，供应链重构是一个复杂的过程，需要时间和资源。供应链的多元化和重构需要平衡各种因素，包括成本、质量、可靠性和市场接近度等，短时间内无法完成。

（四）俄罗斯经贸形势现状与特点

1. 俄罗斯经济形势现状

（1）经济复苏

世界银行数据显示，世界银行数据显示，俄罗斯 2018 年和 2019 年的 GDP

增长率相对稳定，但在 2020 年受新冠疫情影响出现了负增长，即经济出现了萎缩。然而，2021 年俄罗斯 GDP 增长率大幅提升，为 5.61%，表明其经济开始恢复，并且出现了积极的增长趋势。然而，到了 2022 年，经济增长再次出现负增长，达到了-2.07%（见图 1-7）。

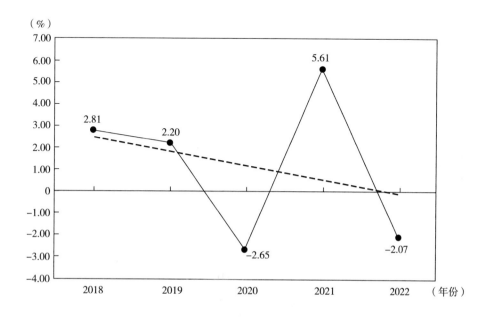

图 1-7　2018~2022 年俄罗斯 GDP 增长率

资料来源：世界银行。

（2）外贸经济具有韧性

2020 年，受新冠疫情影响，俄罗斯进出口贸易下降 14.67%，但 2021 年大幅反弹，进出口贸易总额达 7858.16 亿美元，比 2020 年增长 38.16%（见表 1-11）。① 2022 年，俄罗斯进出口业务受到严重冲击，但仍表现出较强的韧性。WTO 数据显示，2022 年，俄罗斯对外贸易总额达 6838.07 亿美元，比 2021 年下降-12.98%。其中，出口额为 5012.81 亿美元，进口额为 1825.26 亿美元（见表 1-11）。

_____

① 资料来源：笔者根据 WTO 公开数据整理，网址：www.wto.org/english/res_e/statis-e.htm。

表 1-11　2012~2022 年俄罗斯进出口贸易量　　　单位：亿美元，%

年份	出口额	进口额	进出口总额	总额增长率
2012	5247.66	3161.93	8409.59	2.17
2013	5272.66	3149.45	8422.11	0.15
2014	4978.34	2866.49	7844.82	−6.85
2015	3335.02	1772.93	5107.94	−34.89
2016	2854.91	1822.62	4677.53	−8.43
2017	3570.83	2269.66	5840.50	24.86
2018	4493.47	2381.51	6874.99	17.71
2019	4227.77	2437.81	6665.58	−3.05
2020	3371.05	2316.68	5687.73	−14.67
2021	4923.14	2935.02	7858.16	38.16
2022	5012.81	1825.26	6838.07	−12.98

资料来源：笔者根据 WTO 公开数据整理，网址：www.wto.org/english/res_e/statis-e.htm。

据俄罗斯联邦海关局公布的数据，2022 年，俄罗斯对外贸易总额达 8505 亿美元，比 2021 年增长 8.1%。从进出口数据来看，2022 年，俄罗斯累计出口 5914.6 亿美元，比 2021 年增长 19.9%；进口为 2590.83 亿美元，比 2021 年下降 11.7%。整体来看，2022 年的贸易顺差达到创纪录的 3323.77 亿美元。

（3）FDI 双向流动严重受阻

如图 1-8 所示，俄罗斯 2017~2019 年 FDI 流动较为平稳。2020 年，受新冠疫情影响 FDI 下降幅度较大，但在 2021 年 FDI 流入流出均大幅反弹，其中外资流入增长 267%，比 2019 年增长 19%；外资流出反弹近 10 倍，是 2019 年的 3 倍。2021 年第四季度，俄罗斯的外国直接投资增加了 131.2 亿美元。① 根据联合国贸易和发展会议（UNCTAD）的数据，2022 年第一季度，俄罗斯资本流出高达 642 亿美元，超过 2020 年全年俄罗斯流出资本 503 亿美元，相当于 2021 年 8 个半月的外流资金。截至 2022 年 10 月，已有超过 1260 家国际公司（占在俄罗斯经营的所有国际公司的 43%）停止运营或撤出俄罗斯。此外，另有 495 家公司（占俄罗斯所有国际公司的 17%）缩减了业务规模或搁置了投资计划。

---

① 资料来源：俄罗斯中央银行。

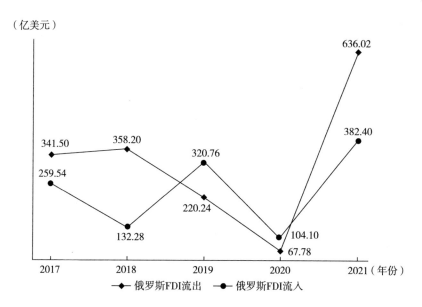

（亿美元）

图 1-8　2017~2021 年俄罗斯国际直接投资流动情况

资料来源：笔者根据 UNCTAD 发布的 World Investment Report（2022）数据整理。

2. 俄罗斯对外经贸合作特点

（1）采用特殊贸易措施

乌克兰危机给俄罗斯的贸易带来了重大冲击，迫使俄罗斯政府采取多项措施来应对这一局势。其中，特殊贸易措施成为应对手段之一。在物流方面，俄罗斯工业和贸易部认为，需要 3~6 个月才能建立起自身的进口和供货渠道。这表明俄罗斯正在积极努力减少对西方国家的依赖，通过重新调整供应链来适应新的贸易环境。在经济重建方面，俄罗斯审计署署长库德林指出，在维持目前制裁水平的情况下，俄罗斯至少需要两年时间来完成经济的第一阶段重建。这表明俄罗斯需要采取措施来刺激经济增长、吸引更多投资和贸易。为了满足国内对受贸易限制的国外商品的需求，俄罗斯政府已经合法化了平行进口货物。这意味着俄罗斯可以从其他国家进口在本国市场被禁止的商品，并在平行进口后在国内市场上销售。这一措施为俄罗斯扩大进口来源、确保国内市场供应提供了某种程度的灵活性。然而，尽管平行进口在解决某些消费领域的电子产品短缺问题上起到了作用，但在专业公司领域，尤其是服务器和数据存储系统设备方面，仍然面临短缺问题。

总体而言，虽然西方制裁给俄罗斯经济带来了严重的冲击，但俄罗斯正在采取积极措施来应对这一挑战，努力实现经济的重建和发展。特殊贸易措施作为其中的一项关键举措，有助于俄罗斯拓展进口渠道，促进国内市场的供应，并满足国内对特定商品的需求。

（2）强化进口替代加快结构转型

为应对西方制裁带来的挑战，俄罗斯正在加快推进进口替代战略，以加速结构转型，提高国家的自给自足能力。以下是一些重点措施：

一是加快发展国内 IT 业。俄罗斯政府出台了一系列支持政策，包括为 IT 业从业人员提供缓服兵役的待遇、提供优惠的房贷、企业税收优惠等，以吸引更多的人才，推动 IT 业的发展。

二是加快各种配套零部件的国内生产。为了推动国内产业，俄罗斯工业和贸易部与数字化发展、通信和大众传播部紧密合作，共同打造了"进口替代交易所"在线平台。该平台旨在促进企业间的合作，提供一个便捷的环境，使企业能够发布工业产品和零部件的采购需求，而供应商则可以在平台上提交报价，避免一些烦琐程序。

三是允许生产低技术水平产品。在无法迅速实现进口替代的情况下，俄罗斯还考虑了一个过渡性的措施，允许继续生产之前几代的产品，如汽车从欧洲 5 标准回退到欧洲 0 标准。这既是为了满足短期的需求，也是为了给国内企业提供更多的时间和机会来适应和转型。

总体而言，俄罗斯正在努力加速推进进口替代战略，以应对西方制裁带来的挑战。这些措施旨在促进国家的结构转型和自给自足能力，为国内企业和产业提供更多的支持和机会。

（3）加强与非西方国家经贸合作

面对西方全面经济制裁，俄罗斯将其战略重心调整到三个方向：向内、向东和向全球南方。

一是强化欧亚经济联盟，加强与域内国家紧密联系。为了应对乌克兰危机，俄罗斯强化了与欧亚经济联盟的联系。通过提升内部贸易、加强法律框架和自由贸易协定、推动经济一体化，减少对西方国家的依赖，释放联盟内部潜力。同时，通过实现资本和劳动力的自由流动，统一税收、能源和交通政策，俄罗斯力求提高非西方国家在联盟中的份额，以确保在复杂的地缘政治环境中更好地协同发展。

二是加快推进新东方政策。面对美国和西方战略挤压和经济制裁，俄罗斯不得不进一步提速"转向东方"的步伐，全方位强化"新东方政策"，希望以其能源、资源、军火以及核技术优势在快速增长的亚洲经济中占据一席之地。俄罗斯通过欧亚经济联盟与蒙古国、印度尼西亚、印度等第三方签署自由贸易协定，全面推进中蒙俄经济走廊建设，推动与中国的"一带一路"对接等，拓展和深化与亚太国家的经贸合作。2023 年 9 月初的东方经济论坛上，普京表示，亚太国家所扮演的角色变得越来越重要，这些国家为我们的人民提供了巨大的机遇。

三是加强与南亚、非洲和拉丁美洲的经济合作。通过 2018 年、2022 年两次里海峰会，俄罗斯与里海沿岸国家已经达成共同开发里海资源的共识，并签署排除域外国家军事存在的协议。俄罗斯继续推进俄罗斯、伊朗、印度主导的中亚国际南北运输通道的建设（INSTC）。为此，俄罗斯在里海沿岸的拉根镇新建了港口。在西方制裁下，俄罗斯需要更积极地在拉美寻找可靠经贸伙伴，那里有 30 多个国家都是俄罗斯的友好国家。为了建立牢固的经贸关系，俄罗斯将采取措施建立自己的航线以减少对西方运输公司的依赖，同时尽快减少相互结算中对美元和欧元的依赖。

（4）实行去美元化

在现行的国际货币体系下，除了黄金，主要有美元、欧元、人民币、日元和英镑五种储备货币。在乌克兰危机之前，俄罗斯竭力做出最佳措施：极端的去美元化、转向欧元、增持黄金、大幅度增持人民币、开发数字货币等，但其闪展腾挪的空间极为有限。

俄罗斯自 2014 年起就开始了去美元化进程，2018 年进一步加速去美元化进程，至 2021 年外汇储备的币种构成中美元仅占 16.4%；到 2022 年初，美元资产在俄罗斯外汇储备中的比重已降至 10.9%。2014 年后，俄罗斯在对外贸易和能源合作中积极使用欧元结算，促进国际支付体系中以欧元替代美元的趋势，欧元在俄罗斯外汇储备中的比重逐渐增加。截至 2022 年 1 月，欧元已占俄罗斯外汇储备的 33.9%。

（5）试图筹建新的国际金融体系

出于大国意识、对与美欧国家关系的客观认识、制裁背景下对未来风险的防范，俄罗斯致力于建立新的、独立的金融体系，力图成为国际货币格局中独立的一员，包括极端的去美元化、转向欧元、增持黄金、大幅度增持人民币、开发数字货币等措施。俄罗斯发展独立金融体系、金融基础设施的构想有一定的基础但受自身实力所限，没有得到很大发展。因此，俄罗斯在筹建以金砖国家为主导的国际金融体系方面非常积极，力求实现突破。

（五）蒙古国经贸形势现状与特点

1. 蒙古国经济形势现状

（1）经济复苏超市场预期

世界银行的数据显示，蒙古国 2018 年和 2019 年的 GDP 增长率相对较高，分别为 7.74% 和 5.60%，显示了较强的经济增长势头。2020 年，蒙古国 GDP 增长率为-4.56%，这可能是受到新冠疫情以及全球经济放缓的影响。2021 年，蒙古国 GDP 增长率为 1.64%，但增长速度较为缓慢。到了 2022 年，蒙古国的经济增长率再次回升至 5.03%，表明经济出现了一定程度的复苏（见图 1-9）。根据蒙古国国家统计局数据：2022 年，蒙古国的名义 GDP 约为 52.867 万亿图格里克，与 2021 年同期相比，剔除通胀因素，取得了 4.8% 的实质性上涨，[①] 以平均汇率折算为 168.29 亿美元。以 333.19 万左右的人口计算，蒙古国人均 GDP 在 2022 年提升至 5051 美元，成功突破 5000 美元大关。蒙古国 2022 年的财政预算总收入为 50 亿美元，同比增长 35.3%；财政支出在 53 亿美元左右，赤字约为 3 亿美元。2022 年 12 月，蒙古国国内居民消费价格指数（CPI）环比上涨 1%，同比上涨 13.2%。其中，食品价格上涨 15.4%（非酒精饮料价格上涨 24.2%）；烟酒价格上涨 8.1%；衣着价格上涨 18.5%；居住、水、电、燃料价格上涨 15.4%；药品及医疗服务价格上涨 17.4%；运输价格上涨 6.2%。

（2）外贸稳定增长

蒙古国大力发展与周边国家之间的贸易，尤其是与中国和俄罗斯。蒙古国海关数据显示，2021 年外贸迅速恢复，对外贸易额达 160.96 亿美元，同比增长

---

① 蒙古国 2022 年经济增速、GDP、人口、外贸总额、牲畜数量有多少呢［EB/OL］. 百度新闻，［2023-02-19］，https：//baijiahao. baidu. com/s? id=1758269283370038532&wfr=spider&for=pc.

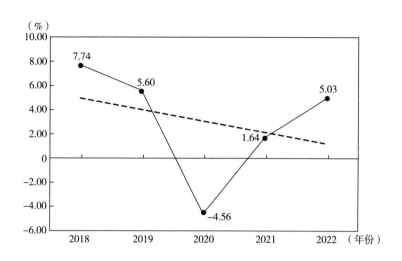

图 1-9 2018~2022 年蒙古国 GDP 增长率

资料来源：世界银行。

25.01%，不仅超过 2020 年的贸易额，比 2019 年还多 24 亿美元。2022 年，蒙古国同世界 160 个国家和地区贸易总额为 213.05 亿美元，同比增长 32.36%。其中，出口总额 125.58 亿美元，同比增长 35.7%；进口总额 87.47 亿美元，同比增长 27.2%；贸易顺差 38 亿美元，同比增长 60.1%（见表 1-12）。2022 年，对蒙古国贸易前五位的国家分别是中国、俄罗斯、瑞士、韩国、日本，贸易额分别为 136.4 亿美元、27 亿美元、10.3 亿美元、6.9 亿美元、6.7 亿美元。2022 年，蒙古国对中国贸易总额 136.4 亿美元，同比增长 34.3%，占同期外贸总额的 64.3%。其中，蒙古国对中国出口额为 105.7 亿美元，同比增长 38.5%；进口额 30.7 亿美元，同比增长 21.8%。

表 1-12 2012~2022 年蒙古国进出口贸易量 单位：亿美元,%

年份	出口额	进口额	进出口总额	总额增长率
2012	43.85	67.38	111.23	-2.56
2013	42.69	63.58	106.27	-4.46
2014	57.74	51.31	109.06	2.62
2015	46.69	37.98	84.67	-22.36
2016	49.16	33.40	82.56	-2.49

续表

年份	出口额	进口额	进出口总额	总额增长率
2017	62.01	43.37	105.38	27.64
2018	70.12	58.75	128.87	22.29
2019	76.20	61.27	137.47	6.68
2020	75.76	52.99	128.75	-6.34
2021	92.47	68.49	160.96	25.01
2022	125.58	87.47	213.05	32.36

资料来源：笔者根据 WTO 公开数据整理，网址：www.wto.org/english/res_e/statis-e.htm。

2. 外资流入平稳发展

蒙古国的矿产资源吸引众多国家投资。虽然出台了限制外资的法律法规，但近五年来蒙古国外资流入相对平稳。如图 1-10 所示，蒙古国的 FDI 流入呈现先增长后下降的趋势。具体来看，2017～2019 年，FDI 流入逐渐增加，在 2019 年达到最高点，之后在 2020 年又有所下降。外商直接投资（FDI）对蒙古国经济的发展起到了重要的推动作用。首先，FDI 的流入为蒙古国提供了重要的资本支

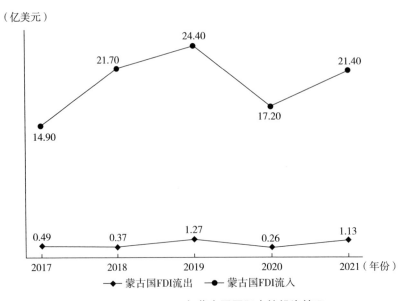

图 1-10　2017～2021 年蒙古国国际直接投资情况

资料来源：笔者根据 UNCTAD 发布的 World Investment Report（2022）数据整理。

持。随着全球经济的复苏，外国投资者对蒙古国的矿产、能源和基础设施建设等领域表现出了浓厚的兴趣。这些领域的投资不仅有助于满足当地经济发展的需求，也为蒙古国带来了大量的就业机会和技术转移。其次，FDI 的流入为蒙古国带来了先进的技术和管理经验。跨国公司在进行投资时，通常会伴随着技术转移和培训计划，这有助于提高蒙古国企业的技术和管理水平。最后，FDI 的流入也促进了蒙古国与其他国家的经济合作，为未来的经济发展奠定了坚实的基础。

3. 蒙古国对外经贸合作特点

（1）进一步加强与中国经贸关系

蒙古国与中国的经贸关系持续加强，主要体现在以下四个方面：第一，中国是蒙古国最大的贸易伙伴，两国的经贸合作呈现出较强的互补性，有巨大的潜在合作空间。蒙古国总统对中蒙经贸合作高度重视，将发展对华友好合作关系确立为国策。第二，蒙古国总理访华并与中方达成一系列协议，包括深入推进全球发展倡议、共建"一带一路"倡议，以及与蒙古的"远景-2050"长期发展政策、"新复兴政策"对接等。这些协议涉及多个领域，包括贸易、投资、金融、矿产能源、互联互通、基础设施、数字经济和绿色发展。第三，蒙古国积极加强与中国的互联互通。在蒙古国公布的铁路和公路项目中，多数与中国边境口岸连接。这种互联互通不仅有助于提升贸易效率，也为两国的经济合作创造了更为便利的条件，表明蒙古国致力于加强与邻国的贸易往来，以促进地区内的经济合作。第四，蒙古国积极发展基础设施领域如建设天然气管道，以推动能源资源的有效流通。

（2）强化中蒙俄经济走廊建设

2022 年 9 月 15 日举行的中俄蒙三国元首第六次会晤达成了多项合作协议，重点强调了加强中蒙俄经济走廊建设。这表明三国在当前国际形势下，将深化合作，推动各领域的实质性进展。首先，中蒙俄三方确认了《建设中蒙俄经济走廊规划纲要》延期 5 年。这意味着三国将在更长的时间内共同努力，推动经济走廊建设的规划和实施。其次，三方正式启动了中蒙俄经济走廊中线铁路的升级改造，并展开了发展可行性研究。铁路在区域经济合作中扮演着关键的角色，升级改造将提高运输效率，促进贸易和人员流动。另外，三方商定积极推进中俄天然气管道过境蒙古国的铺设项目。天然气管道的建设将有助于实现能源资源的有效流动，提高能源安全性。在加强发展战略对接方面，三方就经贸、铁路、环境等各领域的务实合作进行了洽谈。这表明各国愿意在多个领域深化合作，推动共同繁荣。中蒙在 2022 年 11 月的联合声明中再次强调，双方将加大力度推进中蒙俄经济走廊建设，特别是加快中蒙俄经济走廊中线铁路的升级改造和发展可行性研究，积极推进中俄天然气管道过境蒙古国的铺设项目。

（六）朝鲜经贸形势现状与特点

1. 朝鲜经济形势现状

（1）经济下滑幅度收窄

2018 年 4 月召开的朝鲜劳动党七届三中全会提出了新的战略路线，宣布将全面停止核试验，集中全力发展经济。经过多年努力，2021 年，朝鲜在农业生产和大规模建设方面取得了成绩，但其他经济方面的成效并不明显。韩国银行 2022 年 7 月 27 日发布的一份朝鲜 2021 年经济增长的研究报告显示，2021 年朝鲜实际国内生产总值为 31.41 万亿韩元（约合人民币 1618 亿元），同比减少 0.1%，连续两年负增长，但减幅比 2020 年的 4.5% 有所收窄。朝鲜 2021 年名义 GDP 为 35.89 万亿韩元，与 2018 年（35.67 万亿韩元）和 2016 年（36.1 万亿韩元）相似。由于联合国安理会的高强度对朝制裁和新冠疫情导致的封锁措施持续，朝鲜工矿业和服务业产值缩减，但农林业和水电燃气等产业产值增长。具体来看，2021 年朝鲜农林渔业（6.2%）、水电燃气（6%）、建筑业（1.8%）较 2020 年有所增加，工矿业（-6.5%）和服务业（-0.4%）有所减少。2022 年朝鲜产业结构：服务业占比从 33.8% 降至 32.9%，水电燃气从 5.6% 降至 4.8%，农林渔业从 22.4% 升至 23.8%，工矿业从 28.1% 升至 28.3%。其中，建筑业更是从 10% 升至 10.2%，占比创新高。2021 年，朝鲜国民总收入（名义 GNI）为 36.3 万亿韩元。人均国民总收入为 142.3 万韩元。

（2）对外贸易启动效果甚微

韩国大韩贸易投资振兴公社 2022 年 7 月 14 日公布的《2021 年朝鲜对外贸易动向》报告显示，2020 年朝鲜对外贸易为 86 亿美元，较 2019 年下降 73%，2021 年朝鲜对外贸易为 7.13 亿美元，同比减少 17.3%；出口额 8196 万美元，同比减少 8.2%；进口额 6.31 亿美元，同比减少 18.4%；贸易逆差从 2020 年的 6.84 亿美元减少至 5.49 亿美元。中国海关总署发布的数据显示，2022 年 1~10 月，中朝双边货物进出口额为 7.6 亿美元，相比 2021 年同期增长了 5.3 亿美元，同比增长 240%。其中，中国对朝鲜出口商品 6.5 亿美元，同比增长 249.7%，进口 1.03 亿美元，同比增长 189.2%。

2. 朝鲜对外经贸合作战略新动向

（1）强调对外关系重要性

近年来，朝鲜提出建设经济强国的战略目标，这在一定程度上决定了朝鲜对外经贸与区域合作战略发展方向。朝鲜劳动党在 2021 年 1 月召开的朝鲜劳动党第八次代表大会报告中，明确将全面发展和扩大对外关系作为社会主义建设的可靠保证，以政治外交服务经济建设。朝鲜八大报告重申"自主、和平、友好"对外政策的基本理念，强调根据朝鲜国家战略地位相应地全面扩大和发展对外关系；明确朝鲜对外政策的主要目的是加强同尊重朝鲜主权国家的友好团结，进一步扩大和发展同社会主义国家的关系。

（2）重新调整对外经济政策

朝鲜在劳动党第八次代表大会报告中公开指出经济失败及其原因，指出严厉的国际制裁严重阻碍其正常的对外经济交往是客观原因之一。2020 年初以来，朝鲜为应对新冠疫情关闭了边境通道，中断了对外交通运输和往来措施，导致对外经济贸易大幅减少。劳动党第八次代表大会报告提出，朝鲜在国内民生艰难、经济困境和国际社会的重大压力以及新冠疫情的影响下，将重新调整对外政策，修复还原对外贸易制度，推动对外经济活动，以补充和增强自力更生基础上的经济发展。

（3）加强与中俄经贸合作

中国是朝鲜最大贸易伙伴，占朝鲜对外贸易的 90% 以上。随着疫情缓解，朝中将重新开通货运列车和卡车陆路货运，双边贸易将重启。2019 年 4 月 25 日，金正恩和普京会谈，双方同意加深双边关系、增加合作。2021 年，朝俄边境口岸进行了改造货运火车站、新建仓库等准备重启贸易的筹备工作。2022 年 1 月，朝中铁路货物运输通关重启，前四个月朝中贸易额大幅增加。2022 年 2 月 7 日，朝鲜外务省副相任天一会见俄罗斯驻朝大使，双方决定进一步加强战略合作，反映了朝俄关系日趋密切及朝鲜开放边境的意图。

第二章

中国参与多边及诸边
经贸合作协定及其影响

在美国次贷危机、美元疲软、国际油价飙升、粮食价格高涨和全球通胀的大背景下，中国、日本、韩国、俄罗斯等东北亚主导国家的经济都在经受着这股风暴带来的不利影响。东北亚国家尚未建立起有效的互信机制，缺乏长期性、全局性的沟通协调机制，区域经济合作进展相对缓慢。在区域经贸制度的布局中，明显存在制度主导力量、规则水平、规则制定模式等方面的显著差异。这些不同规则之间的互动关系变化可能导致未来亚太区域经济一体化呈现出三种潜在的图景，即制度替代、制度竞争和制度融合。

在需要转变对出口的过度依赖的经济增长模式的同时又面临着东北亚地区市场需求不足的困境，在这种两难的情况下，东北亚国家需要进一步深化区域合作，促进经济复苏。

一、世界贸易组织（WTO）[①]

（一）WTO 现状

当前，关于 WTO 改革的讨论正在不断升温，各方博弈已拉开帷幕。自欧盟、

---

① 崇泉 . WTO 改革面临的矛盾及对策 ［EB/OL］. 中国人民外交学会，http：//www. cpifa. org/cms/book/143.

加拿大等 WTO 成员分别牵头对 WTO 改革提出了初步的立场文件，美国也一改之前的态度对部分议题提出了自己的建议和方案。我国也在不同场合发布了针对 WTO 改革的原则和立场文件。在当前世界政治、经济格局发生了巨大变化，单边主义、贸易保护主义盛行，多边贸易体制日益被边缘化，反全球化情绪高涨的形势下，推进 WTO 多边贸易体制的改革正势在必行，也成为全球经济治理的一大热点。

1. WTO 改革的背景探究

WTO 改革的背景可以追溯到其成立之初。作为全球经济贸易的多边规则体系，WTO 在促进全球化和世界经济贸易健康发展方面发挥了重要作用。WTO 的规则体系、争端解决机制和透明度原则等，为全球市场的稳定和繁荣提供了重要保障。然而，随着全球经济格局的变化和贸易保护主义的抬头，WTO 面临着越来越多的挑战和质疑。一方面，WTO 的决策机制存在效率问题。由于成员众多、利益差异大，WTO 的决策往往需要长时间的协商和妥协，导致一些重要议题无法得到及时解决。这不仅影响了 WTO 的权威性和有效性，也使得一些成员对 WTO 的信心下降。另一方面，WTO 的规则体系需要适应新的贸易形势。随着全球贸易的不断扩张和新贸易模式的涌现，WTO 需要就新议题制定新规则，以维护贸易的公平性和秩序。然而，由于成员之间的分歧和利益冲突，WTO 在新议题上的进展缓慢，无法满足全球贸易发展的需要。此外，一些成员对 WTO 的贸易自由化理念提出疑问，认为其导致了贸易不平衡和就业问题。这些质疑不仅对 WTO 的权威性和有效性构成挑战，也给全球贸易体系的稳定和发展带来不确定性。

为了应对这些挑战和质疑，WTO 需要进行改革，目标是提高决策效率、适应新的贸易形势、维护贸易的公平性和秩序，以及增强成员的信心和参与度。具体而言，改革可以从改进决策机制、加强透明度、推动新议题谈判、加强与其他国际组织的合作等方面入手。通过改革，WTO 可以更好地发挥其作为全球贸易规则制定者和争端解决者的作用，为全球经济贸易的健康发展提供有力保障。

2. WTO 改革的矛盾与前景

WTO 改革势在必行，但是同时面临着诸多矛盾和挑战。首先，WTO 成员之间的利益分歧较大，难以形成一致的改革方案。这不仅涉及发达国家之间在核心议题上的竞争，也涉及发达国家和发展中国家之间的利益冲突。例如，美国在农业领域对发展中国家的优势与欧盟、日本等在汽车、高科技领域的优势形成了冲突。发展中国家则希望维护WTO的公平性和秩序，避免被发达国家所操控。其次，WTO的改革需要各成员之间的协商和妥协，但一些成员采取单边主义和保护主义措施，导致WTO的权威性和有效性受到挑战。例如，美国对其他国家的钢铁、铝等产品实施制裁措施违反了WTO的基本原则和规则。这些行为不仅损害了其他成员的利益，也破坏了WTO的权威性和有效性。此外，WTO的改革还需要解决一些深层次的问题。例如，WTO在贸易自由化方面存在一些不足，需要进一步完善规则体系。同时，WTO也需要加强与其他国际组织的合作，共同应对全球性挑战。

目前，东北亚国家对于WTO改革的态度、关切点、改革建议存在一定的差异。日本和美国、欧盟一起宣布了共同的WTO改革目标。韩国希望WTO尽快改革，但也有自身诉求。中国提出了关于WTO改革的三个基本原则、五点主张及改革具体措施。乌克兰危机后，俄罗斯因遭受西方孤立，意欲退出WTO。东北亚各国对WTO改革的诉求并不一致甚至针锋相对，反映了全球层面上以美国为代表的发达国家主张建立更高标准的贸易规则与发展中国家强调通过特殊与差别待遇原则继续维护广大发展中国家合法权益的冲突，这种冲突始终未寻找到平衡点。

尽管面临着诸多挑战和矛盾，但WTO改革的前景仍然值得期待。各成员可以通过协商和妥协，达成一些具有可行性的改革方案。例如，可以改进决策机制、加强透明度、推动新议题谈判、加强与其他国际组织的合作等。同时，各成员也可以在协商中寻求共同利益，实现共赢。

总之，WTO改革是一个复杂而必要的过程，需要在各成员之间的协商和妥协中逐步推进。通过改革，WTO可以更好地适应全球经济贸易形势的变化，为全球贸易的健康发展提供有力保障。

3. 中国参与WTO改革的立场

中国作为全球贸易大国，一直以来都是多边贸易体制的坚定维护者和重要贡献者。近年来，随着全球经济格局的变化和贸易保护主义的抬头，WTO面临着越来越多的挑战和质疑。在这样的背景下，中国积极推进WTO的各项改革，为维护多边贸易体制和促进全球经济贸易发展做出了巨大贡献。中国在WTO改革问题上的立场和主张主要体现在以下四个方面：

一是多边贸易体制的维护。中国强调多边贸易体制是全球贸易的基础。中国主张通过WTO这一平台，成员国之间应该通过协商和对话解决贸易问题，而不是采取单边主义或保护主义措施。中国认为通过遵守共同协定和规则，全球经济可以实现更加可预测和稳定的增长。

二是争端解决机制的改革。中国认为WTO的争端解决机制需要改革，以适应当前和未来的贸易环境。这可能包括对争端解决机制的透明性、公正性和效率性的提高。中国主张确保改革的过程中不破坏WTO已有的规则框架，同时促进更快、更有效的争端解决。

三是保障发展中国家的权益。中国坚持认为发展中国家在WTO中应该拥有更多的发言权和影响力。这体现在规则制定、贸易谈判、技术援助等方面。中国强调WTO的改革应该更好地反映全球南北差距，并为发展中国家提供更多机会和支持，以便它们能够更有效地参与和受益于全球贸易体系。

四是应对新挑战的创新性规则。中国主张WTO需要更好地适应新的贸易挑战，包括数字化、知识产权保护、环境可持续性等方面。在这些新兴领域，中国支持创新性规则的制定，以确保全球贸易体系不仅可以满足传统贸易需求，还能够适应经济的不断演进。

总之，中国在WTO改革中主张多边主义、公正性、包容性和可持续性。中国愿意与其他WTO成员一道，通过建设性的对话和协商，推动全球贸易体系的持续发展和改善。通过推进WTO的各项改革，中国希望能够为维护多边贸易体制和促进全球经济贸易发展做出更大贡献。

4. 日本参与WTO改革的立场

日本致力于在WTO改革中发挥主导作用，与美欧加强合作，主动引领相关议题设置与国际规则制定，争取抢占国际经贸竞争的"制高点"。在WTO改革问题上，日本的考量是在多边自由贸易体制内实现利益最大化。日本是WTO改革的积极支持者和参与者，在WTO改革问题上的立场和主张主要体现在以下五个方面：

一是争端解决机制改革。日本支持对WTO的争端解决机制进行改革，包括提高争端解决机制的透明度、效率和效力，以更好地适应不断演变的国际贸易环境。日本强调对规则的遵守和强制执行的必要性，以确保成员国共同遵循贸易规则。

二是推动自由贸易。作为一个依赖出口的国家，日本强烈支持自由贸易原则，主张通过 WTO 加强多边贸易规则，降低关税和非关税壁垒，促进全球贸易自由化。日本在自由贸易协定（FTA）和区域全面经济伙伴关系协定（RCEP）等方面的积极表现，表明其促进贸易自由的承诺。

三是数字贸易规则。随着数字经济的崛起，日本倡导制定新的数字贸易规则，包括对数据流的自由、数字产业的创新和发展，以及对知识产权的有效保护。日本认为，WTO 应该能够应对数字化经济的挑战，为数字贸易创造有利的环境。

四是农业补贴问题。日本一直在 WTO 谈判中就农业领域的问题与其他成员国进行协商。日本自身对于农业的保护主义政策和农业补贴在国际贸易中是一个敏感问题。日本在 WTO 改革中的立场可能与如何平衡国内农业保护与全球自由贸易之间的矛盾有关。

五是多边主义。作为一个坚定支持多边主义的国家，日本清楚 WTO 的重要性，强调通过多边机构解决贸易争端的必要性。同时，日本与其他国家共同寻求提高 WTO 的效能，以更好地适应 21 世纪贸易的新挑战。

5. 韩国参与 WTO 改革的立场

中美经贸摩擦长期化的前景，使韩国的地缘政治经济环境日益充满不确定性。因此，韩国认为如果 WTO 不能及时转型，有效解决大国之间的贸易争端，世界贸易争端可能会比当前更糟。但韩国并没有向 WTO 提出具体的改革建议。2019 年 12 月 25 日，韩国财政部长宣告，韩国在 WTO 未来的谈判议程中不再要求作为 WTO 的发展中国家，韩国声称自从加入世界贸易系统以来经济已经获得了显著的成长，因此不再需要这些特殊待遇。韩国对 WTO 改革的关注点主要有以下四个方面：

一是改革多边贸易体制。韩国主张维护多边贸易体制，推动 WTO 的改革，以适应新的经济和贸易现实。韩国强调继续推进贸易自由化，降低贸易壁垒，促进全球贸易的可持续和包容性增长。

二是应对贸易争端机制。韩国支持强化 WTO 的贸易争端解决机制，以确保成员国在贸易争端中获得公正对待，包括提倡更加高效、透明、迅速的争端解决程序。

三是数字贸易规则。随着数字化经济的迅速发展，韩国关注数字贸易规则的制定。韩国倡导在 WTO 框架内制定符合数字经济时代需求的规则，以确保数字贸易的顺畅和公平。

四是环境可持续性。韩国在 WTO 改革中提倡将环境可持续性纳入贸易规则，这意味着推动绿色贸易、可持续发展目标的实现，并确保经济增长与环境保护相协调。

6. 俄罗斯参与 WTO 改革的立场

俄罗斯于 2012 年加入世界贸易组织（WTO）。自加入以来，俄罗斯一直对 WTO 的运作和规则进行评估，并提出了一些关于 WTO 改革的立场。

首先，俄罗斯认为 WTO 在某些方面存在不足，需要进行改革以更好地适应全球经济的变化。俄罗斯主张改革 WTO 的争端解决机制，认为当前机制对于处理复杂和敏感问题的能力不足，并且执行结果不够及时和有效。俄罗斯希望加强争端解决机制的效能，以确保公正和平衡的结果，并减少争端解决程序的时间和成本。

其次，俄罗斯关注到 WTO 在服务贸易领域的规则和协议的不足。俄罗斯认为，现有的服务贸易规则没有充分考虑到发展中国家的利益和需求，特别是对于俄罗斯这样的大国来说。因此，俄罗斯呼吁改革 WTO 的服务贸易规则，以确保更加平衡和公正的规则制定过程，并充分尊重成员国的发展政策空间。

最后，俄罗斯还提出了关于贸易保护主义和贸易限制措施的问题。俄罗斯认为，一些国家滥用贸易保护措施，对进口商品实施不合理的限制措施，损害了俄罗斯的贸易利益。因此，俄罗斯主张改革 WTO 的规则，加强对贸易保护主义的监督和制衡，确保成员国遵守贸易规则的承诺，并防止滥用贸易限制措施。

俄罗斯还关注到数字经济和知识产权保护的问题。随着数字经济的迅速发展，俄罗斯认为 WTO 需要适应数字经济的新形势，制定相应的规则和机制。此外，俄罗斯主张改革 WTO 的知识产权保护框架，以平衡知识产权保护和知识产权使用的利益，促进技术创新和技术转移。

总的来说，俄罗斯参与 WTO 改革的立场强调改革争端解决机制、服务贸易规则、贸易保护主义的监管和数字经济和知识产权保护。俄罗斯认为这些改革是必要的，以确保 WTO 的有效性、公正性和适应性，以及保护俄罗斯的贸易利益和经济发展需求。俄罗斯参与 WTO 改革的立场主张改革争端解决机制、服务贸易规则、贸易保护主义的监管和数字经济和知识产权保护等方面。俄罗斯希望通过改革来增强 WTO 的有效性和公正性，促进全球贸易的发展，并保护俄罗斯的贸易利益和经济发展需求。

然而，俄乌冲突爆发后，国际社会对俄罗斯实施了一系列制裁措施，其中包括美国、欧盟、英国、日本等纷纷在 WTO 中提出了对俄罗斯的制裁。这些制裁措施主要涉及取消对俄罗斯的最惠国待遇、中止俄罗斯在 WTO 的成员地位，甚至有试图将俄罗斯逐出 WTO 的呼声。为应对这一局面，俄罗斯采取了反制裁措施。2022 年 3 月 21 日，俄罗斯政党公正俄罗斯党议员向俄罗斯国家杜马（俄联邦会议下议院）提交了俄罗斯退出世界贸易组织的法律草案。该法律草案建议废除 2011 年 12 月 16 日在日内瓦签署的《关于俄罗斯联邦加入的议定书》，以及 2012 年 7 月 21 日生效的《关于批准俄罗斯联邦加入的议定书》的联邦法律。通过这一草案，俄罗斯试图以退出 WTO 的方式来回应国际上对其实施的制裁。然而，这一举措也引发了一系列的国际关切和对话，因为 WTO 作为全球贸易规则的核心机构，成员国的退出可能会对国际贸易体系产生深远影响。

（二）WTO 对东北亚国家经贸的影响①

世界贸易组织（WTO）对东北亚区域的经贸关系有着深远影响。东北亚是一个重要的经济区域，包括中国、日本、韩国、俄罗斯、蒙古国等国家。WTO 在促进贸易自由化、促进投资便利化、提供争端解决机制等方面发挥了重要作用，对东北亚区域经济一体化和合作起到了推动作用。

1. 贸易自由化

贸易自由化是 WTO 的核心目标，通过关税减让、非关税壁垒减少和贸易便利化等措施，推动全球贸易的开放和自由化，有助于提高贸易效率、降低贸易成

---

① 由于朝鲜未加入 WTO，WTO 对东北亚国家经贸的影响仅涵盖中国、日本、韩国、俄罗斯和蒙古国。

本，增加产品和服务在国际市场上的竞争力，促进全球经济合作与发展。

关税减让：WTO 成员国在多边贸易谈判中承诺逐步降低关税，进一步开放市场。这使得加入 WTO 的东北亚国家能够以更低的成本将产品出口到其他国家，提高了产品的竞争力。同时，加入 WTO 的东北亚国家也可以从其他成员国的关税减让中受益，降低进口成本，扩大进口规模。

非关税壁垒减少：WTO 鼓励成员国降低非关税壁垒，包括减少进口配额、简化贸易手续等。这为东北亚国家提供了更加开放和透明的贸易环境，促进了贸易流通的顺畅性。

贸易便利化：WTO 通过推动贸易便利化措施的实施，减少了贸易中的非必要成本和限制。东北亚国家可以通过采取措施，如简化海关手续、加快通关时间等，提高贸易效率，降低贸易成本。

贸易自由化的推动为东北亚国家间的贸易扩大和经济合作提供了机会。东北亚国家的产品和服务可以更容易地进入国际市场，从而增加出口收入。此外，东北亚国家也可以从其他成员国的竞争性产品中获益，提高本国市场的供应多样性和质量水平。

2. 投资便利化

WTO 的投资规则和争端解决机制为东北亚地区的投资提供了更加稳定和可预测的环境。WTO 成员承诺不会歧视外国投资者，提供公平和公正的待遇，吸引了更多外国直接投资流入该地区。这促进了东北亚国家间的跨国投资和经济一体化。

投资保护：WTO 的投资规则鼓励成员国采取措施，保护外国投资者的权益，包括公平和公正的待遇、合理的补偿机制等。这使得东北亚国家成为吸引外国投资的有利目的地。

透明度和预测性：WTO 要求成员国建立透明和可预测的投资政策框架，为投资者提供信息和保障。这有助于提高投资者对东北亚国家的信心，促进跨国投资的流动。

争端解决机制：WTO 的争端解决机制为东北亚国家提供了解决贸易争端的途径。当贸易争端发生时，成员国可以向 WTO 提起投诉，并通过争端解决程序来解决争端。这为东北亚国家提供了一种公正和透明的机制来解决贸易纠纷，维护了区域内贸易秩序的稳定性。

投资便利化的推动为东北亚国家吸引了更多外国直接投资。外国投资的流入不仅提供了资金和技术支持，还促进了东北亚国家的产业升级和转型。同时，跨国投资也加强了东北亚国家之间的经济联系，推动了区域一体化和合作的发展。

3. 规则制定和改革

WTO 是一个多边贸易组织，成员国可以参与制定和改革国际贸易规则。因此，东北亚国家可以通过参与 WTO 的谈判和协商，推动其关注的议题并影响全球贸易规则的制定，为东北亚国家在国际贸易中发挥更大的影响力提供了平台。

参与贸易规则制定：作为 WTO 成员，东北亚国家有机会参与贸易规则的制定，可以就自身利益进行谈判，提出建议和立场，并与其他成员国共同决定全球贸易规则的内容。通过参与规则制定过程，东北亚国家能够在贸易政策制定中发挥更大的影响力，以更好地满足自身经济发展需求。

推动议题关注：东北亚国家可以利用 WTO 平台推动其关注的议题得到国际社会的关注。例如，东北亚国家可以提出有关贸易壁垒、知识产权保护、服务贸易等方面的议题，并与其他成员国合作，以推动全球贸易规则的改革和完善。

维护利益和解决争端：WTO 的争端解决机制为东北亚国家提供了一种公正和透明的机制来解决贸易纠纷。东北亚国家可以利用该机制来维护自身的利益，通过诉诸争端解决程序来解决与其他成员国之间的贸易争端。这有助于维护东北亚国家的贸易利益和市场准入权益。

通过参与 WTO 的规则制定和改革，东北亚国家能够在全球贸易体系中发挥更大的作用。它们可以推动贸易规则的变革，以更好地适应经济发展和市场需求。此外，WTO 的规则也为东北亚国家提供了一个公平和可预测的国际贸易环境，有助于促进区域内贸易的发展和经济合作的深化。

需要注意的是，尽管 WTO 对东北亚区域经贸关系有着积极的影响，但具体的影响还受到其他因素的制约，如国内政策、地缘政治和经济结构等。

4. 市场准入和服务贸易

WTO 的规则和协议为东北亚国家提供了更开放和稳定的市场准入环境，特别是在服务贸易领域。

市场准入：WTO 的规则鼓励成员国降低市场准入壁垒，包括外国投资和提供服务的限制。通过参与 WTO 的贸易谈判，东北亚国家可以争取更好的市场准入条件，扩大其产品和服务在国际市场的销售。这有助于促进东北亚国家的出口和经济增长。

服务贸易自由化：WTO 的《服务贸易的总协定》（General Agreement on Trade in Services，GATS）为东北亚国家提供了一个框架来促进服务贸易的自由化。通过 GATS，东北亚国家可以承诺开放特定的服务领域，吸引外国服务提供商进入本国市场。同时，东北亚国家也可以利用 GATS 的规则，保护和促进本国服务业的发展。

5. 知识产权保护

WTO 发布的《与贸易有关的知识产权协定》（TRIPS）是全球范围内知识产权保护的重要国际法律文件，旨在确保成员国遵守知识产权保护标准，促进技术创新和全球贸易的公平竞争。对于东北亚国家来说，TRIPS 协定在知识产权保护方面起到了重要的作用。

首先，TRIPS 协定要求成员国提供有效的知识产权保护制度，包括专利、商标、版权等。这有助于鼓励创新和技术转移，提高东北亚国家的竞争力。通过加强知识产权保护，TRIPS 协定有助于吸引更多的投资和技术，促进经济增长和发展。其次，TRIPS 协定鼓励成员国在知识产权领域进行技术合作和转移。这为东北亚国家提供了与其他成员国开展技术合作的机会，促进了技术创新和技术差距的缩小。通过技术合作和转移，东北亚国家可以学习借鉴其他国家的先进技术和管理经验，提高自身的科技水平和创新能力。此外，TRIPS 协定还规定了知识产权执法的措施和程序，有助于保障知识产权的有效保护，防止侵权行为的发生。通过加强知识产权执法，TRIPS 协定有助于维护市场秩序和公平竞争，促进东北亚国家的经济发展。

总之，WTO 的 TRIPS 协定对东北亚国家的知识产权保护起到了重要作用。通过推动知识产权保护、技术合作和转移以及执法措施的落实，TRIPS 协定有助于促进东北亚国家的经济发展和技术创新。

6. 挑战与机遇

尽管 WTO 对东北亚区域经贸关系有着积极的影响，但也面临着一些挑战和机遇。

贸易争端和保护主义：WTO 成员之间的贸易争端和保护主义行为可能对东北亚国家的贸易产生负面影响。例如，贸易争端的升级可能导致贸易壁垒的增加，限制东北亚国家的出口和市场准入。

经济结构调整：东北亚国家的经济结构调整和产业转型可能受到 WTO 规则的影响。由于市场开放和竞争压力的增加，一些传统产业可能面临挑战，但同时也为东北亚国家提供了发展新兴产业和创新经济的机会。

区域经济一体化：WTO 为东北亚国家深化区域经济一体化提供了机会。通过遵守共同的贸易规则和开放市场准入，东北亚国家可以加强贸易合作、促进投资流动，并在区域内建立更加紧密的经济联系。

跨国公司和供应链：WTO 的影响使得东北亚地区成为全球跨国公司和供应链的重要一部分。东北亚国家可以通过参与全球价值链和供应链，加强与其他国家的贸易合作，提升产业竞争力。

综上所述，WTO 对东北亚区域经贸的影响是多方面的。WTO 既推动了东北亚国家贸易自由化、投资便利化、市场准入和服务贸易自由化、知识产权保护等方面的发展又提供了更开放和稳定的贸易环境，促进了经济合作和一体化。但 WTO 的影响也面临着一些挑战，包括贸易争端和保护主义的风险，以及经济结构调整的挑战。东北亚国家需要灵活应对，积极利用 WTO 提供的机会，推动经济发展和贸易合作的进一步深化。

（三）WTO 对中国经贸的影响①

中国加入 WTO 后全面履行了"入世"承诺，不断扩大开放，不仅推动了中国自身经济的发展，也为全球经济做出了重要贡献。中国在对外贸易方面取得了显著成就，成为世界上最大的商品贸易国之一。同时，中国还通过对外投资、技术转移和人才引进等方式，为全球经济增长注入了新动力。由此可见，加入 WTO 对中国发展具有深远意义。

1. 市场准入和贸易自由化

减少贸易壁垒：加入 WTO 后，中国采取了一系列重要的改革措施，旨在降

---

① 中国加入世界贸易组织 20 周年回顾与展望［EB/OL］. 中华人民共和国商务部，［2021-12-09］，http：//chinawto. mofcom. gov. cn/article/ap/p/202112/20211203226806. shtml.

低贸易壁垒，提高市场准入，促进国际贸易的自由化。关税降低是其中一项主要的改革。中国逐步履行了入世协议中的承诺，大幅度降低了大量商品的进口关税。例如，2001年，中国对汽车的平均关税率为24.6%，而到2005年已下降至9.4%。这使得制造业产品更容易在国际市场上流通。

同时，中国还通过减少非关税壁垒来放宽市场准入，取消了对很多商品的进口配额，使这些商品不再受到数量上的限制。此外，简化了进口许可和审批程序，提高了进口商品的通关速度，降低了贸易壁垒。这一系列改革措施推动了中国对外贸易的迅速增长。

贸易自由化：首先，中国通过WTO多边贸易体制成功推动了出口的增长。随着全球贸易体系的开放，中国的制造业得以融入全球产业链，成为全球最大的出口国之一，推动了中国制造业的迅猛扩张，为经济的高速增长提供了强大动力。其次，贸易自由化吸引了大量外商投资。中国在加入WTO后，承诺在服务、金融、电信等行业放宽市场准入，这为外国企业提供了更大的投资机会。外商投资不仅为中国引入了先进的技术和管理经验，也提升了中国经济的竞争力。最后，贸易自由化有助于改善贸易平衡。中国积极参与全球分工，提高了进口商品的多样性，使中国的贸易结构更加均衡。这有助于减轻贸易逆差的压力，维护国际贸易的平衡。

提升服务贸易水平：加入WTO后，中国服务业市场进一步开放，为世界各国的投资者提供了巨大的商机。各种服务领域，如金融、教育、旅游等，面临更大的市场机会。外资银行、跨国企业和服务提供商可以进入中国市场并与本地企业竞争，促进了服务业的发展。

2. 知识产权保护和技术转移

加强知识产权保护：WTO发布的《与贸易有关的知识产权协定》（TRIPS）要求成员国提供有效的知识产权保护制度，以促进技术创新和技术转移。中国在加入WTO后，认真履行TRIPS协定，采取了一系列措施加强知识产权保护，包括打击侵权盗版行为。这些措施的实施，为国内外企业提供了更好的创新和知识产权保护环境，激发了市场主体创新活力，营造了公平有序的市场竞争环境。通过加强知识产权保护，中国鼓励创新和技术转移，促进了经济增长和技术进步。

根据国家知识产权局发布的数据，中国在知识产权保护方面取得了显著成效。2022 年，中国授权发明专利 79.8 万件，每万人口高价值发明专利拥有量达到 9.4 件。中国还查办了专利商标等领域违法案件 4.4 万件，处理专利侵权纠纷行政裁决案件 5.8 万件。在促进知识产权运用方面，中国专利商标质押融资总额达 4868.8 亿元，同比增长 57.1%。此外，中国积极推进知识产权公共服务机构建设，实现了省级层面全覆盖。在保护工业品外观设计方面，中国加入了《工业品外观设计国际注册海牙协定》和《马拉喀什条约》，完成了中欧地理标志产品互认互保第二批 350 个产品清单公示。在著作权保护方面，2022 年，中国著作权质押担保金额达 54.5 亿元，同比增长 25.9%。这些数据充分表明了中国在知识产权保护方面取得的显著成效和积极进展。

技术转移和合作：技术转移和合作在中国加入 WTO 后得到了进一步加强。与 WTO 成员国的合作，让中国得以更广泛地引进和吸收先进技术。这种技术转移和合作不仅提高了生产效率，还提升了产品的质量和竞争力。跨国公司和技术领先企业在中国市场的参与，带来了许多新的创新理念、研发方法和生产技术。这些技术在中国的应用，不仅加快了中国产业技术的升级换代，也推动了中国在科技领域的自主创新。此外，中国在加入 WTO 后，更加重视对知识产权的保护，为技术转移和合作创造了更好的环境。知识产权保护的加强，使得外国企业愿意向中国转移更多的技术，也使得中国能够更好地利用这些技术来提升自身的经济发展。

3. 规则和制度建设

建立透明和可预测的贸易规则：WTO 的规则和协议为中国提供了一个清晰、透明和可预测的国际贸易环境。这有助于吸引外国投资，提升中国的国际信誉度，并为中国企业在国际市场上的竞争提供更稳定和可靠的环境。具体来看，2022 年，中国实际使用外资额同比增长 6.3%，规模再创历史新高。可以看出，自从加入 WTO，中国不断完善营商环境，经济稳中向好、长期向好发展，由超大的规模市场、完备的工业体系、丰富的人才资源、持续优化的营商环境等构成的引资综合优势在不断强化，外国投资者对华投资具有很强的意愿。

加强贸易纠纷解决机制：WTO 作为国际贸易体系的核心机构，强调并加强了贸易纠纷解决机制，成为各成员国解决贸易争端的关键平台。这对中国至关重要，因为这一机制不仅保护了中国的贸易权益，也确保其他成员国切实遵守

WTO 的规则。通过协商和争端解决程序，中国能够有效地维护自身在全球贸易中的合法权益。同时，这一机制的存在保障了解决争端的公正性和可预测性，使得贸易争端的解决过程更具透明度和稳定性，为全球贸易提供了有力的制度保障。

促进透明和公平的政府采购：作为 WTO 成员，中国承诺在政府采购领域促进透明和公平的政策。这不仅为国内外企业提供了公平竞争的机会，也提升了中国政府采购的透明度和效率。这一承诺体现了中国在全球贸易体系中的责任，促进了更加开放和公正的政府采购环境。

4. 挑战与机遇

尽管 WTO 对中国经贸发展产生了积极的影响，但中国也面临着一些挑战和机遇。

市场准入和贸易平衡：尽管中国逐步开放市场，但在某些领域仍存在市场准入的限制。中国面临着如何平衡市场准入和保护本国产业的挑战。同时，中国也需要应对贸易失衡和贸易摩擦等问题，确保贸易合作的公平性和可持续性。

知识产权保护和技术创新：中国在知识产权保护方面取得了一定进展，但仍面临侵权、盗版等问题。中国需要继续加强知识产权保护，鼓励本土企业进行技术创新，提高自主创新能力，从而在全球价值链中升级和提高附加值。

跨国公司和供应链参与：WTO 的影响使得中国成为全球跨国公司和供应链的重要一环。中国可以通过参与全球价值链，吸引更多外国投资和技术，加强与其他国家的贸易合作。然而，中国也需要应对全球供应链的变化和调整，及时提升自身产业链的竞争力。

可持续发展和环境保护：中国在经济发展过程中面临环境污染和资源消耗的挑战。作为 WTO 成员，中国需要在经济增长和贸易发展的基础上，积极应对环境问题，推动可持续发展。中国可以通过加强环境立法、推动绿色技术创新和提高资源利用效率，实现经济增长和环境保护的双赢。

整体来说，WTO 对中国经贸的影响是显著的。通过市场准入和贸易自由化的推动，中国的对外贸易得到了扩大和提升。知识产权保护和技术转移的要求促使中国加强知识产权保护力度，吸引技术和创新资源。同时，WTO 的规则和制度建设为中国提供了更透明、公平和可预测的国际贸易环境。然而，中国也面临着一些挑战，如市场准入的平衡、知识产权保护和环境可持续发展。通过积极应对这些挑战，中国可以更好地利用 WTO 带来的机遇，推动经济的稳定增长和可持续发展。

二、区域全面经济伙伴关系协定（RCEP）

（一）RCEP 现状

1. RCEP 基本情况

RCEP 是由东盟十国发起，由中国、日本、韩国、澳大利亚、新西兰等与东盟有自由贸易协定的五方共同参加，共计 15 个缔约方所构成的高级自由贸易协定。RCEP 也向其他外部经济体开放，如中亚、南亚及大洋洲其他经济体。RCEP 旨在通过削减关税及非关税壁垒，建立统一市场的自由贸易协定。经批准生效后，各成员之间关税减让以立即降至零关税、10 年内降至零关税的承诺为主。2022 年 1 月 1 日，RCEP 正式生效，成为目前世界最大的自由贸易协议。2023 年 6 月 2 日，RECP 对菲律宾正式生效后，全部 15 个成员均完成生效程序，并相互实施关税减让。

2020 年 11 月 15 日签署的《区域全面经济伙伴关系协定》第 1 章指出，RCEP 各缔约方的目标是"共同建立一个现代、全面、高质量以及互惠共赢的经济伙伴关系合作框架，以促进区域贸易和投资增长，并为全球经济发展做出贡献"。①

RCEP 共有 20 个章节和 3 个附件，规范了货物贸易、服务贸易以及其他贸易相关三个领域。

（1）货物贸易

RCEP 规定各成员将在十年内取消 90% 以上货物的关税，其中主要产品在协

① 资料来源：中华人民共和国商务部。

议生效时关税降至零。RCEP 采用"原产地累积原则"，即单一产品可在 RCEP 成员间累积价值以满足最终出口产品增值 40% 的原产地标准，从而享受到优惠关税。RCEP 达成了货贸便利化的许多规定，如海关程序、检验检疫、技术标准等。同时，RCEP 也规范了非关税保护措施，包括实行关税自由化基于优惠的市场准入、特定货物的临时免税入境、取消农业出口补贴及全面取消数量限制、进出口许可程序管理以及与进出口相关的费用和手续等方面。以中国同 RCEP 各成员的零关税关系为例，目前，中国对东盟十国、澳大利亚、新西兰承诺的最终零关税税目比例均为 90% 左右。除老挝、柬埔寨、缅甸 3 个国家之外，其余东盟成员国、澳大利亚、新西兰对中国承诺的相应比例略高于中国承诺比例。中国对日本、韩国承诺的最终关税税目比例均为 86%，日韩两国对中国承诺的比例分别为 88% 及 86%。RCEP 协定生效后将进一步推动关税比例下降。针对企业关注的具体享惠产品而言。以几个东盟主要国家为例，印度尼西亚在原有的中国—东盟自贸协定基础上，就加工水产品、化妆品、塑料、橡胶、箱包服装鞋靴、大理石、玻璃、钢铁制品、发动机、电视、汽车及零部件、摩托车等对中国取消关税。马来西亚进一步就加工水产品、可可、棉纱及织物、化纤、不锈钢、部分工业机械设备及零部件、汽车、摩托车等对中国开放市场。菲律宾进一步就医药产品、塑料及其制品、化纤及织物、服装、纺织品、鞋、玻璃及其制品、钢铁制品、发动机零件、空调、洗衣机等机电产品、汽车及零部件等给予中国零关税待遇。中国也在原有中国—东盟自贸协定基础上，就菠萝罐头、菠萝汁、椰子汁、胡椒、柴油、部分化工品、纸制品、部分汽车部件等对东盟开放市场。

（2）服务贸易和投资

RECP 规定缔约各方取消服务贸易的各种限制，如市场准入承诺表、国民待遇原则、最惠国待遇、当地存在、国内法规等规则、采用负面清单方式进行市场准入等。在金融领域部分，RCEP 规定了建立金融体系例外条款、金融监管透明度义务、不得阻止开展业务信息转移或处理。附件亦规定缔约各方可通过磋商方式讨论解决国际性收支问题或可能升级为国际性收支危机的情况。

自然人临时移动方面，为促进各类贸易投资活动，各方承诺针对区域内各国的投资者、公司内部流动人员、合同服务提供者、随行配偶及家属等各类商业人员，在符合条件的情况下，可获得一定居留期限，享受签证便利。与以往协定相比，RCEP 将承诺适用范围扩展至所有可能跨境流动的自然人类别，总体水平均基本超过各成员在现有自贸协定中的承诺水平，具有很高的政策透明度。

投资方面，RCEP 对原有"东盟'10+1'自由贸易协定"的投资规则进行整合和升级，包括承诺最惠国待遇、禁止业绩要求、采用负面清单模式做出非服务业领域市场准入承诺并适用棘轮机制（即未来自由化水平不得发生倒退）。投资便利化部分还包括争端预防和外商投诉的协调解决，也附有各方投资及不符合措施承诺表。

（3）其他贸易相关

知识产权：RCEP 为区域内各缔约方提供了保护和促进方案，包括著作权、商标、地理标志、专利、外观设计、遗传资源、传统知识和民间文艺、反不正当竞争、知识产权执法、合作、透明度、技术援助等领域，整体保护水平较 TRIPS 有所加强。

电子商务：RCEP 要求缔约各方为电子商务创造有利环境，保护电子商务用户的个人信息，为在线消费者提供保护，并针对非应邀商业电子信息加强监管和合作；针对计算机设施位置、通过电子方式跨境传输信息提出相关措施，并设立监督政策空间。缔约方亦同意根据 WTO 部长级会议的决定，维持当前不对电子商务征收税务的做法。

竞争：RCEP 规定缔约方有义务建立或维持法律或机构，以禁止限制竞争的活动，同时承认缔约方拥有制定和行使本国竞争法的主权权利，允许基于公共政策或公共利益的排除或豁免。

中小企业：RCEP 强调各缔约方应当贡献协定框架内涉及中小企业的信息，包括协定内容、与中小企业相关的贸易和投资领域的法律法规，以及其他与中小企业参与协定并从中受益的其他商务相关信息。

2. RCEP 区域内贸易和投资合作现状

（1）区域内贸易与生产网络

目前，世界上最具影响力的三个自由贸易区分别是欧盟（EU）、美加墨自贸区（USMCA）以及区域全面经济伙伴关系协定（RCEP）。根据世界银行的统计，RCEP 区域是目前经济规模最大的自由贸易区，到 2020 年底，RCEP 区域经济总量占世界 GDP 的 24.7%，国际贸易总量占全球的 28.4%。此外，RCEP 国家的平均经济增速比欧盟与美加墨自贸区（USMCA）高 1%～2%。欧盟的区域内贸易占比长期维持在 60% 以上的水平，而 RCEP 和 USMCA 的区域内贸易占比在 40% 左右。相比于其他自由贸易区，RCEP 区域的贸易关系较为稳定，但与欧盟的深度融合相比，RCEP 区域的内部融合还有很大的发展空间。

从贸易关系看，RCEP 已成为拉动我国外贸增长的重要力量。根据中国海关总署数据，2022 年，中国同 RCEP 其他 14 个成员国贸易额为 12.95 万亿元，同比增长 7.5%，占中国当年外贸总额的 30.8%。其中，2022 年中国对东盟贸易额为 6.52 万亿元，同比增长 15%，占我国外贸比重达到 15.5%，东盟作为我国第一大贸易伙伴的地位更加巩固。2023 年第一季度，中国对 RCEP 其他 14 个成员国进出口 3.08 万亿元。其中对新加坡、老挝、缅甸进出口增长分别达 45.8%、37.8%、29%。RCEP 其他成员国的贸易总体呈良好发展态势。

从投资合作看，RCEP 成为我国稳外资的重要助力。2022 年，我国实际使用 RCEP 伙伴外资金额达 235.3 亿美元，同比增长 24.8%，远高于世界对华投资 9% 的增速。RCEP 区域对中国实际利用外资增长贡献率达 29.9%，比 2021 年提高了 17.7%。RCEP 区域也是我国企业对外投资的热点区域。2022 年，我国对 RCEP 伙伴非金融类直接投资总额为 179.6 亿美元，较 2021 年净增约 25 亿美元，同比增长 18.9%，占我国对外非金融类直接投资比重达 15.4%，较 2021 年提高 5 个百分点。[①]

从全球分工看，中国在 RCEP 的区域价值链中占据着主导地位。近年来，价值链贸易在国际贸易中占据着重要地位，而全球价值链的主要存在形式为各个区域价值链间相互联系。美国、德国和中国分别是美加墨价值链、欧盟价值链和 RCEP 价值链的枢纽，在连接各区域价值链上起到关键作用。在以中国为中心的 RCEP 区域价值链中，一方面，RCEP 成员国生产的大多数中间产品流入中国，进入进一步的增值过程；另一方面，由于中国不断增长的国民收入和需求，RCEP 和世界其他地区制造的最终产品越来越多地出口到中国并在中国消费。中国已成为这两条价值链的关键连接点。

---

① RCEP 促进稳外资稳外贸［EB/OL］. 中国自由贸易区服务网，［2023-09-25］，http：//fta. mof-com. gov. cn/article/fzdongtai/202309/54617_1. html.

从各国融入区域价值链看，日本、韩国、新加坡、马来西亚、澳大利亚、印度尼西亚、泰国和菲律宾已高度融入以中国为中心的区域价值链中，建立起较为完善的生产网络。新西兰以及东盟国家中的越南、老挝、文莱、缅甸、柬埔寨融入区域价值链的程度则相对较低。

从出口产品结构看，RCEP 国家可以分为自然资源型、低端产品加工型和高端产品加工型。其中，文莱、老挝和缅甸属于自然资源型国家。文莱主要向日本和泰国出口天然气和石油等矿产资源，老挝主要出口矿石矿渣、铜类以及谷物，缅甸则主要出口天然气和纺织服装产品。越南和柬埔寨属于低技术加工型国家，从事劳动密集型产品的加工。衣帽类产品是越南与柬埔寨最重要的出口产品，此外越南还主要出口食品与电器设备。中国、印度尼西亚、马来西亚、菲律宾和泰国属于中等技术产品制造国，从事中低端和少数高端产品的制造。我国在纺织服装类产品制造上仍具有比较优势，电器和机械类等产品也正逐步向高技术产品升级和转型。印度尼西亚的出口产品则广泛分布于电器、机械类产品、矿产等自然资源、有机化学和医药产品。电器和机械类中低端产品及高端产品的中低端生产也是马来西亚、菲律宾和泰国的主要出口产品。日本、韩国、新加坡属于高技术加工型国家，处于区域价值链的上游，主要出口电器和机械类产品。澳大利亚主要向中国出口矿石产品，以及铜类、羊毛、肉类和谷物，新西兰主要的出口产品为乳制品、肉类、木材、水果等。

总体而言，目前 RCEP 区域价值链在高端产品制造上存在互补关系，但我国与越南和柬埔寨在纺织服装类等低端产品制造出口领域存在竞争关系。随着我国产业结构升级调整，我国将逐渐与日本和韩国在中高端制造领域展开竞争，同时与低端制造业国家的关系逐渐向互补演变。

（2）区域内直接投资

近年来，RCEP 区域已经成为主要的 FDI 流入目的地。UNCTAD 数据显示，2020 年，RCEP 区域共吸引 FDI 外资流入 3290.5 亿美元，占全球 FDI 流入总额的比重为 33%，全球 1/3 的国际资本流入 RCEP 地区，其中中国与新加坡是最主要的目的地。然而，与庞大的外资流入规模相比，来自 RCEP 区域内的直接投资占比仅为 14%，不仅小于 USMCA 区域的 18%，更是远低于欧盟的 65%。由此可见，相比于欧盟与美墨加自由贸易区，RCEP 区域内部的资本流动仍较为有限。

从对外直接投资角度而言，RCEP 区域目前是全球最大的直接投资来源。2020
年，RCEP 区域的对外直接投资规模为 3516 亿美元，占全球 FDI 流出总额的
47.5%，即全球近一半的国际资本来源于 RCEP 地区，中国、日本、韩国和新加
坡是最主要的直接投资来源国。2020 年，RCEP 国家的直接投资目的地中，区域
内直接投资的占比为 30%。欧盟、USMCA 区域与 RCEP 区域的对外直接投资中
的区域内投资占比都呈下降趋势，其中，RCEP 的区域内直接投资占比从 2010 年
的 40.2% 持续下降到 2020 年的 30%，而 2010~2020 年，USMCA 区域与欧盟的区
域内投资占比均下降了 5%，下降幅度是 RCEP 区域的一半。由此可见，RCEP
区域尚未建立起广泛且深入的直接投资联系和投资网络。

中国是 RCEP 国家最大的直接投资目的地。2010~2020 年，RCEP 国家对中
国的直接投资呈现波动态势。2010 年起，中国吸引 RCEP 国家直接投资流入逐年
增加，到 2013 年，占中国实际利用外资总额的比重也达到了最高值 16%。此后，
中国吸引的 RCEP 国家外资流入开始减少，2018~2019 年中国吸引 RCEP 外资流
入逐渐回升，日本、韩国和东盟是主要的对华投资国家（地区）。东盟对中国的
直接投资较为稳定，在 RCEP 区域对华投资中的份额维持在 40%~50%，其中新加
坡是最主要的对华投资国家，中国利用的东盟外资中的 86%~96% 来自新加
坡。澳大利亚和新西兰对华投资规模较小，其中澳大利亚对华投资稳定维持在 3
亿美元左右，新西兰对华投资则在 0.2 亿~1.4 亿美元波动。

中国对 RCEP 国家的直接投资整体呈上升趋势，自 2017 年以来，RCEP 国家
在中国对外直接投资流量中的比重基本保持在 9.5% 左右。其中，东盟国家在中
国对外直接投资中的占比最大。中国在东盟 10 国设立了超 6000 家直接投资企
业，雇用了超 55 万名外方员工。这些投资涉及制造业、租赁和商务服务业、建
筑业、批发和零售业等领域。其中，新加坡是最主要的直接投资目的地，约一半
的中国对东盟直接投资流向了新加坡。此外，印度尼西亚、越南和泰国在中国对
外直接投资中的占比也较大。

这些数据表明，中国与 RCEP 国家的投资关系日益紧密，中国对 RCEP 国家
的直接投资呈现出持续增长的趋势。这不仅有助于加强中国与 RCEP 国家的经济
联系，也有利于推动区域经济一体化和促进全球经济增长。

（二）RCEP 的实施对东北亚国家经贸的影响

RCEP 实施以来，成效初步显现，各成员国之间的货物贸易往来更加密切。RCEP 区域内贸易已成为稳定和拉动各成员对外贸易增长的关键力量。

在 RCEP 的影响下，东北亚区域的经贸得到了显著提升。

第一，货物贸易。首先，RCEP 约 90% 的贸易商品在协定下实现零关税，有效地降低了贸易壁垒，进一步促进了货物贸易的流畅。同时，通过简化成员国间的贸易程序，包括清关和标准的一体化，降低了贸易壁垒，促进了货物贸易的流畅，实现了市场准入机会的扩大，为东北亚国家创造了更广泛的贸易前景。降低或消除的关税和非关税障碍不仅促进了自由贸易，也在深度整合供应链和价值链方面提高了成员国之间的协同性，助力共享资源、技术和产业。其次，RCEP 成员国企业生产过程中所使用的其他成员国原产材料，均可视为本地的原产材料，从而可以累积增加原产价值成分比例，使成员国间出口产品更容易达到享受关税优惠的门槛。这一规定进一步促进了成员国之间的生产协作。总之，RCEP 将东北亚国家融入了一个庞大而多元的市场，减轻了对某一特定市场的依赖，使成员国更具全球竞争力。

第二，服务贸易。服务贸易在 RCEP 协议中占据重要地位，RCEP 涵盖了金融服务、电信服务和专业服务等领域的具体规定。除此之外，RCEP 还包括关于自然人临时流动、投资、知识产权、电子商务、竞争、中小企业和政府采购等方面的章节。RCEP 相较于该区域现有的一些双边自由贸易协议更为全面，因此所有参与国都有望从中获得更广泛的益处，超越了传统的货物贸易，扩展到更多服务领域。

第三，资本流动。RCEP 的签署和实施确实有助于进一步促进中日韩三国对东盟的外商直接投资（FDI）。中日韩三国与东盟国家在经济上具有很强的互补性。RCEP 的实施使得双方可以更好地利用各自的优势，实现资源的最优配置。例如，中日韩三国在技术、资本和制造业方面具有明显优势，而东盟国家在自然资源、农业和劳动力方面具有优势。通过外商直接投资，可以实现双方经济的深度融合和互补。

第四，数字贸易。RCEP 在跨境数据流动领域制定了详尽的规则。这些规则为亚太地区的数据保护确立了统一的指导原则，并采用了一种相对宽松的数据跨境流动立场，有助于推动数据的自由流动。RCEP 不仅承认了数据治理的重要性，同时也关注到过度监管可能对数据流动造成的阻碍，并试图降低数据存储本地化给跨国投资者带来的压力。考虑到成员国之间数字化程度存在的差异，RCEP 在跨境数据流动方面持一种较为保守和有所保留的态度。这意味着在确保数据不会流失的前提下，RCEP 更倾向于支持有限度的数据跨境流动，以便为本国监管机构提供足够的空间来实施监管，并确保跨境数据流动的可控性。通过这种方式，RCEP 在数据通道上采取了一种主动截断的策略。值得一提的是，RCEP 开创了一种以美国和欧盟为主导的跨境数据流动规则的全新路径。这一路径在倡导数据自由流动的同时，还强调缔约国之间需要共同构建一个统一、稳定的数据监管法律体系。这不仅有助于推动数字贸易的发展，还有助于增强各国在数字经济领域的合作与互信。

第五，促进东北亚供应链整合。RCEP 的签署和实施有助于加强区域内供应链的整合和优化。RCEP 的成员国之间在供应链合作方面有着丰富的经验和互补的优势。通过 RCEP 的框架，成员国可以更好地利用各自的优势，实现供应链的高效运作。另外，RCEP 的实施有助于构建更完善的区域价值链。通过加强供应链的整合和优化，中日韩三国可以向东盟国家扩展和深化其产业链，建立更紧密的合作关系。这种合作不仅可以提高生产效率、降低成本，还可以促进技术的传播和知识的共享，推动整个区域的经济发展。

（三）RCEP 的实施对中日韩经贸关系的影响①

1. RCEP 对中日韩经贸关系的影响

RCEP 的签署与实施对中日韩三国的经贸关系产生了深远的影响。以下是 RCEP 对中日韩经贸关系的主要影响，涉及货物贸易、服务贸易和投资贸易三方面。

（1）货物贸易

RCEP 在货物贸易方面取得了重大进展，为中日韩三国的货物贸易提供了更

---

① 吕克俭：RCEP 下中日韩经贸合作的机遇与对策［EB/OL］. 全球化智库，http：//www.ccg.org.cn/archives/73637.

为便利和自由化的环境。首先，RCEP 消除了大部分商品的关税，使得成员国之间的商品流通更加顺畅。一方面，有利于降低进口商品的成本，增加消费者的选择；另一方面，有利于推动出口企业的增长。其次，RCEP 简化了海关程序，减少了进出口环节烦琐的手续，进一步提高了货物的流通效率。此外，RCEP 还加强了成员国之间的知识产权保护，规范了贸易行为，有助于维护公平竞争的市场环境。对于中日韩三国而言，RCEP 的实施有助于加深彼此之间的经济联系。中国作为世界工厂，拥有丰富的制造业资源，能够提供大量的原材料和制成品。日本和韩国则具有较高的科技水平和先进的生产技术，在制造业领域具有很强的竞争力。RCEP 的实施让中日韩三国可以更好地发挥各自的比较优势，实现互利共赢的局面。

（2）服务贸易

RCEP 在服务贸易方面也取得了显著的成果。服务贸易自由化是 RCEP 协议的重要内容之一，旨在促进成员国之间的服务交流与合作。在 RCEP 框架下，服务贸易自由化程度得到了提高，限制措施得到了逐步取消。这为中日韩三国的服务业发展提供了更广阔的市场和机会。对于中国而言，服务业的发展已经成为经济增长的重要引擎。日本和韩国在服务业方面也具有较高的水平，特别是在金融、科技、教育等领域具有显著优势。RCEP 的实施为中日韩三国之间的服务业合作提供了更多的机遇。例如，中国可以借鉴日本和韩国的先进经验和技术，提高服务业的质量和效益；日本和韩国则可以通过与中国合作，拓展其在亚洲市场的业务范围。

（3）投资贸易

RCEP 对中日韩三国的投资关系也产生了积极的影响。首先，RCEP 为三国之间的相互投资提供了更为稳定和可靠的法律环境。在 RCEP 框架下，成员国之间建立了投资保护机制，为投资者提供了更加公平和透明的投资环境。这有助于增强投资者信心，促进相互投资活动的开展。其次，RCEP 取消了投资领域的部分限制性措施，为三国之间的投资合作提供了更广阔的空间。例如，在服务业领域，RCEP 取消了外资持股比例、经营范围等方面的限制，为中日韩三国的服务业投资提供了更多的机会。此外，RCEP 还加强了知识产权保护力度，规范了投资行为，有助于维护公平竞争的市场环境。对于中国而言，

RCEP 的实施有助于提高对外开放水平，吸引更多的外资进入中国市场。这将有助于推动中国产业升级和技术创新，提高国际竞争力。同时，中国也可以通过 RCEP 加强与日本和韩国的投资合作，实现互利共赢的局面。对于日本和韩国而言，RCEP 为它们提供了更广阔的投资机会和发展空间，有助于促进其经济发展和产业升级。

2. RCEP 实施后对中日韩经贸发展带来的挑战

RCEP 实施后对东北亚地区经济带来巨大发展机遇的同时，还面临很多挑战，尤其是非政治因素对东北亚地区关系的影响。

首先，竞争压力可能增加。RCEP 将成为一个庞大的自由贸易区，涵盖多个产业和经济体。这可能导致中日韩地区的企业面临来自其他成员国的更激烈竞争。特别是在制造业和农产品领域，中国的规模优势可能对日韩企业构成竞争压力。

其次，贸易平衡和关税削减可能对某些行业和产业造成不利影响。虽然 RCEP 降低了关税和非关税壁垒，但这也可能导致某些国内产业面临更大的竞争压力。特别是对于中小型企业和传统产业来说，它们可能需要面对来自其他成员国的进口产品的冲击。

再次，标准与规范的协调可能是一个挑战。RCEP 的实施要求成员国在贸易和投资规则方面进行协调，以确保更加顺畅的商业环境。然而，中日韩三国之间在某些标准和规范方面可能存在差异，需要进一步的合作和协商，以确保一致性和互操作性。

最后，政治因素也可能对中日韩地区的经贸发展构成挑战。尽管 RCEP 是一个经济协定，但地区政治关系的复杂性可能影响成员国之间的合作。政治纷争、历史遗留问题和安全考虑等因素可能对合作意愿和实施产生一定影响。

整体来看，RCEP 给中日韩地区的经贸发展带来了机遇，但也带来了一些挑战。为了充分利用 RCEP 带来的潜力，中日韩三国需要加强合作，加快内部改革和调整，以提高竞争力并适应新的经贸环境。同时，加强地区间的对话和合作，处理好各方的关系和利益，将有助于克服挑战并实现经济的可持续发展。

（四）RCEP 的实施对中国经贸的影响

1. 中国对 RCEP 的贡献

中国对 RCEP 的贡献主要体现在以下四个方面：

一是积极参与并推动 RCEP 的谈判和签署过程。中国在 RCEP 的谈判和签署过程中发挥了积极作用，通过与其他成员国的合作和协商，推动了 RCEP 的顺利达成和实施。

二是积极落实并执行 RCEP 的各项规则和承诺。中国在 RCEP 正式生效后，迅速落实并执行了各项规则和承诺，为 RCEP 的实施和推广做出了重要贡献。

三是为其他成员国提供支持和协助。中国通过多种渠道为其他成员国提供支持和协助，帮助它们更好地理解和利用 RCEP 的优惠政策和便利化规则，分享中国市场的发展机遇。

四是推动 RCEP 的提质升级。中国通过推行制度性开放，不断推进 RCEP 的提质升级，为 RCEP 注入了新动力和新活力。

总之，中国在 RCEP 的实施和推广过程中发挥了重要作用，为促进区域经济一体化和贸易自由化做出了积极贡献。

2. RCEP 实施后对中国的影响

RCEP 的实施对中国的影响是多方面的。首先，RCEP 将进一步巩固中国与东盟、澳大利亚、新西兰长期以来形成的紧密贸易联系，促进区域经济一体化和贸易自由化。这将为中国企业提供更多的市场机会和便利化措施，促进对外贸易的发展。

其次，RCEP 的实施将拓展中国与日韩的贸易合作空间。在 RCEP 框架下，中国与日韩的贸易关系将更加紧密，形成更加稳定和可靠的贸易伙伴关系。这将为中国企业提供更多的市场机会和投资机会，促进经济发展和产业升级。

再次，RCEP 的实施将促进共建"一带一路"国家贸易的增长。中国在"一带一路"建设中扮演着重要角色，RCEP 的实施将为中国与共建国家建立更多的自由贸易安排提供示范效应，推动各国在沿线地区建立更多的自由贸易安排，促进区域经济一体化和贸易自由化。

最后，RCEP 的实施将促进中国与其他成员国的产业投资合作。在 RCEP 框架下，中国与其他成员国之间的产业投资合作将更加紧密，形成更加稳定和可靠的产业合作关系。这将为中国企业提供更多的投资机会和便利化措施，促进经济发展和产业升级。

总之，RCEP 的实施将给中国带来多方面的影响，包括促进对外贸易的发展、拓展贸易合作空间、促进共建"一带一路"国家贸易增长以及促进产业投资合作等。这些影响将为中国经济发展和对外贸易增长带来新动力和新活力。

三、全面与进步跨太平洋伙伴关系协定（CPTPP）

（一）CPTPP 现状

《全面与进步跨太平洋伙伴关系协定》（Comprehensive and Progressive Agreement for Trans-Pacific Partnership，CPTPP），前身为《跨太平洋伙伴关系协定》（The Trans-Pacific Partnership，TPP），最初是由亚太经济合作组织成员发起，从 2002 年开始酝酿的一组多边关系的自由贸易协定，旨在促进亚太地区贸易自由化。2017 年 1 月 23 日，美国总统特朗普签署行政命令，美国退出 TPP。2017 年 11 月 11 日，TPP 改组为《全面与进步跨太平洋伙伴关系协定》，同时冻结了 22 条美国主张但多数成员反对的条文。2018 年 1 月 23 日，各方代表决定于 2018 年 3 月初在智利签署协定。2018 年 3 月 8 日，签字仪式在智利首都圣地亚哥举行，由日本、加拿大、澳大利亚、新西兰、马来西亚、新加坡、越南、文莱、墨西哥、智利以及秘鲁共同签署。2018 年 12 月 30 日，该协定正式生效。

CPTPP 的签署和生效标志着国际贸易和投资领域的新趋势和新规则的制定。CPTPP 是一个综合性自由贸易协定，包括一个典型的自由贸易协定的主要内容：货物贸易、原产地规则、贸易救济措施、卫生和植物卫生措施、技术性贸易壁垒、服务贸易、知识产权、政府采购和竞争政策，以及数字贸易、国有企业、劳工权利等新兴议题。这些议题对全球经济和贸易格局具有深远的影响，特别是给发展中国家的经济和产业发展带来了一定的挑战和机遇。CPTPP

的最终文本与原来的 TPP 基本相同，保留原 TPP 超过 95% 的项目，搁置了 20 项条款，其中 11 项与知识产权有关，这些大多被视为对美国有利的条款。在知识产权章节中，版权和专利条款相对于 TPP 有所缩短，并取消了数字知识产权保护标准。此外允许在投资协议和授权中使用投资者与国家间争端解决的规定也被废除。

尽管 CPTPP 的经济规模和战略影响力尚不如 TPP，但它仍然代表着新一代贸易协定的最高标准。CPTPP 的规则和标准更加严格和具有约束力，对成员国的经济和政治制度都提出了更高的要求。CPTPP 的签署和生效将有助于推动全球经济的进一步融合与发展，促进国际贸易和投资的增长，同时也将为全球经济治理带来新的挑战和机遇。

（二）CPTPP 对东北亚国家经贸的影响①

CPTPP 的影响主要涉及东北亚国家在内的协定成员国的经济和贸易，体现在以下六个方面。

市场准入和贸易机会：CPTPP 将降低成员国之间的贸易壁垒，提高市场准入程度。东北亚国家的企业将更容易进入其他成员国的市场，从而拓展出口机会。由于 CPTPP 的成员覆盖亚太地区，东北亚国家有望更紧密地与澳大利亚、新西兰、加拿大、墨西哥等国开展贸易往来。

价值链深化：CPTPP 有助于深化产业价值链，通过更自由的贸易流通，东北亚国家的企业可以更紧密地参与全球价值链。这对于加强区域内产业的合作和协同发展具有积极意义。在汽车、电子、制造等领域，东北亚国家的企业可能更容易实现协同生产和资源整合。

投资和经济合作：CPTPP 提供了更为稳定的投资环境和更强的投资保护规定，这有望吸引更多的外国直接投资流入东北亚国家。投资的增加可能促进这些国家的经济增长。在服务、金融和其他领域，CPTPP 也将为东北亚国家提供更多的经济合作机会。

---

① 白洁，苏庆义. CPTPP 的规则、影响及中国对策：基于和 TPP 对比的分析 [J]. 国际经济评论，2019（1）：20；《CPTPP 的中国对策② │ CPTPP 的全球影响》[EB/OL]. 澎湃新闻·澎湃研究所，https：//www. thepaper. cn/newsDetail_forward_3601665.

知识产权和创新：CPTPP 强调知识产权保护，有助于促进创新和技术转移。这对于东北亚国家的科技产业和创新体系发展有积极的推动作用。创新领域的合作可能更加频繁，有助于提高东北亚国家在全球科技创新中的地位。

劳工和环境标准：CPTPP 对劳工和环境标准提出了要求，促使成员国加强对这些领域的管理。这有助于改善东北亚国家的劳工条件和环境保护水平。

挑战东北亚国家的经济主权：CPTPP 的高标准贸易规则对东北亚国家的经济主权构成一定挑战，特别是在国有企业、劳工权利等的改革和规范化方面，可能会对一些国家的经济政策和产业造成一定压力。

总的来说，CPTPP 对东北亚国家的经贸影响是双重的，一方面为各国经济发展带来新机遇，另一方面也带来了一定的挑战。各国需要积极应对 CPTPP 带来的影响，加强改革和规范化工作，提高自身国际竞争力，以更好地融入全球经济体系。

（三）CPTPP 对中国经贸的影响

1. CPTPP 对中国经贸的积极影响

CPTPP 对中国经贸的积极影响主要体现在以下五个方面：

一是促进贸易和投资自由化。CPTPP 的签署和生效将促进成员国之间的贸易和投资自由化，降低关税和非关税壁垒，提高市场准入程度，为中国企业提供更多的商机和更广阔的发展空间。二是提升中国在全球经济中的地位。CPTPP 是一个高标准的自由贸易协定，中国加入 CPTPP 将提升中国在全球经济中的地位，增强其在全球贸易和投资领域的竞争力。三是促进产业升级和创新发展。CPTPP 的高标准贸易规则要求成员国在知识产权、国有企业、劳工权利等方面进行改革和规范化，这将推动中国的产业升级和创新发展，提高其国际竞争力。四是促进区域经济一体化。CPTPP 的签署和生效将促进亚太地区的经济一体化，加强各国之间的经济联系和合作，形成更加紧密的区域经济共同体。这将为中国经济发展提供更加稳定和广阔的市场和空间。五是促进制度创新和改革发展。CPTPP 的高标准贸易规则要求成员国进行制度创新和改革发展，这将推动中国在制度建设、市场开放、法治建设等方面取得更多的进展和成就。

总的来说，CPTPP 对中国经贸的积极影响是多方面的，包括促进贸易和投资自由化、提升中国在全球经济中的地位、促进产业升级和创新发展、促进区域经济一体化以及促进制度创新和改革发展等方面。这些影响将为中国经济发展注入新的动力和活力，推动中国经济实现更高质量、更可持续的发展。

2. 中国加入 CPTPP 面临的挑战

中国加入 CPTPP 面临的挑战主要有以下四个方面：

一是国有企业问题。中国与 CPTPP 成员国对国有企业的定位存在差异。在 CPTPP 中，国有企业被视为特殊实体，而中国国有企业在经济中扮演着重要角色。这使得中国在考虑加入 CPTPP 时，成员国对中国的国有企业能接受到什么程度成为协商的难点。此外，国有企业在一些行业中的控制地位也可能会引发 CPTPP 成员国的关注，因为这可能违反了 CPTPP 的竞争中性原则。

二是劳工权益问题。中国的劳工权益保护体系与 CPTPP 的要求仍存在一定差距。CPTPP 在劳工权益保护方面有较高的标准，包括对最低工资、工作时间、安全卫生等方面的规定。中国的相关法律和制度仍需进一步完善，以保障劳动者的合法权益。

三是知识产权问题。中国在知识产权保护和环境标准方面与 CPTPP 的要求存在一定差距。CPTPP 在知识产权保护和环境标准方面有较高的要求，包括对专利、商标、版权等方面的保护以及对环境保护的限制。中国在这方面的执行力度还需加强，需要进一步提高知识产权的保护水平和完善环境标准。

四是高标准市场开放新体制建设的推进。CPTPP 的规则标准相对较高，中国在市场规则和标准方面需要进一步改革和完善。尽管中国已经签署了对外自贸协定，但总体上更加偏重于扩大市场准入的传统功能，对于更高标准的对外开放方面准备不足。加入 CPTPP 需要中国在市场规则和标准方面进行进一步改革和完善，包括对国内市场的开放、对投资的保护、对服务的开放等方面的规定。

总体而言，加入 CPTPP 对中国来说是一个复杂的战略决策，需要在多个层面进行谨慎评估和调整。但是，通过积极应对和适应，加强自身的改革和发展，中国可以借助 CPTPP 的平台，推动自身经济的发展和与其他国家的经贸合作，实现互利共赢的目标。

四、中日韩自贸区协定（中日韩 FTA）

（一）中日韩 FTA 进展

1. 中日韩 FTA 现状

东北亚地区尚未形成一个区域经济一体化的组织，但该地区的国家一直在探索区域经济合作的模式。其中，中日韩自贸区的探索备受关注。自 1999 年启动合作进程以来，中日韩三国先后举行了多次领导人会议，合作不断稳步前进。[①] 2011 年 9 月，三国共同成立促进合作的秘书处，标志着三国合作机制取得重要进展。

在过去的 20 多年里，中日韩三国建立了 21 个部长级会议机制、70 多个政府间对话机制和 100 多个各层级的合作项目。然而，尽管经过了 16 轮多边谈判，中日韩自由贸易协定仍未能签署。截至 2019 年底，由于多方面原因中日韩自由贸易协定的谈判仍在进行中。

在谈判过程中，三方就货物贸易、投资、服务贸易等广泛领域进行了磋商。具体包括货物贸易、原产地规则、通关手续、贸易救济、货物规则、服务贸易、投资、竞争、知识产权、卫生与动植物检疫（SPS）、贸易技术壁垒（TBT）、法律事项、电子商务、环境、政府采购、金融服务、电信服务、自然人移动等。

中日韩自贸区的探索对于该地区的经济合作具有重要意义。如果能够达成一个全面、高质量、互惠且具有自身价值的自贸协定，将有助于促进地区的经济繁荣和发展。

2. 中日韩 FTA 谈判停滞原因

中日韩三国经济利益高度捆绑，形成了经济命运共同体。东北亚地区如能合作建成中日韩三国自贸区，将涵盖世界 1/5 人口，三国全球电子设备制造产业链

---

① 资料来源：中日韩三国合作秘书处。

会遍布全球。当前，中日韩 FTA 谈判的紧迫性被进一步削弱。主要存在以下四点因素：

第一，区域经济合作制度多且有重叠呈现"碎片化"状态。东北亚地区的经济合作机制主要由多个不同的制度安排组成，如中日韩 FTA、TPP、CPTPP 等。不同的制度安排有着不同的规则和标准，导致经济合作中的协调和整合难度较大。此外，东北亚区域内的各国也纷纷提出了自己的区域发展战略和方案，这进一步加剧了该地区经济合作"碎片化"的问题。由于缺乏统一的主导性磋商框架，各国之间的经济合作谈判往往呈现出分散和混乱的特点，难以形成全面、高质量、互惠的自贸协定。为了解决这一问题，各国之间需要加强沟通和协调，推动各机制之间的整合和优化。同时，还需要加强东北亚区域内的经济一体化进程，建立更加完善和有效的经济合作机制，促进该地区的经济繁荣和发展。

第二，产业链供应链局部紊乱，经贸结构面临重组。产业链、供应链的局部紊乱和经贸结构的重组是全球化时代下不可避免的趋势。在这个背景下，生产过程呈现出跨国界的碎片化特征，各部门之间的投入产出相互关联。在东北亚地区，日本和韩国对中国产业链的依赖程度较高。以韩国为例，中国是韩国最大的贸易进出口国，根据中国海关总署统计，2021 年，韩国自中国进口的主要商品是电机、电气设备及其零件等，进口额为 475.6 亿美元。其次是核反应堆、锅炉、机器、机械器具及零件和塑料及其制品，进口额分别为 171.9 亿美元和 68.2 亿美元。然而，新冠疫情对市场供需平衡和资源自发配置造成了一定冲击。日韩的半导体、芯片和汽车行业生产商出口市场大面积萎缩。此外，新冠疫情还加速推动区域生产链的转移和全球产业的调整，许多国家表示将制定政策重新调整产业布局，将重要原材料和中间品生产转移到国内。未来，制造业回流很可能成为趋势，而这又可能进一步阻碍区域生产链的维系。

第三，经济差异和敏感性。首先，中日韩三国的经济结构和水平存在差异。中国作为世界上最大的发展中国家，拥有庞大的劳动力资源和市场潜力，主要以制造业和出口导向型经济为主。日本是一个高度发达的工业化国家，以技术密集型产业和高端制造业为主导。而韩国则在经济上处于两者之间，拥有较为发达的制造业和服务业。这些经济结构的差异可能导致三国在自贸区谈判中对于开放市场和共享利益的期望不同，从而增加了达成一致意见的难度。其次，某些敏感领域，如农业、汽车和其他工业领域，可能成为谈判的难点。农业领域常常涉及国家的粮食安全和农民生计，各国可能对于农产品的市场准入和关税问题存在分歧。例如，日本和韩国可能对中国的农产品进口存在一定的限制和保护措施，而中国则希望扩大农产品出口市场。在汽车和其他工业领域，三国之间也存在着竞争关系，对于市场准入和关税的问题可能存在不同立场。此外，各国对于敏感产业的市场准入和关税问题的分歧也可能阻碍谈判进展。

第四，历史和政治因素的影响。中日韩三国之间存在一些历史和政治问题，这导致了彼此之间的紧张关系。此外，地缘政治局势的不确定性也会影响 FTA 谈判。国际局势的变化，特别是在东亚地区的安全和地缘政治问题，可能使三国在 FTA 谈判中采取更为保守的立场。

综上所述，中日韩自贸区谈判的停滞是多种因素共同作用的结果。要解决这个问题，需要各方共同努力，加强沟通和合作，寻找解决问题的途径，以促进东北亚地区的经济一体化进程。

3. 三方对中日韩 FTA 的态度

中日韩自由贸易协定是中日韩三国之间推动的一项自贸协定，旨在进一步促进三国之间的贸易和经济合作。然而，中日韩三国在对待中日韩 FTA 的态度上存在一定差异。

中国一直持积极态度，支持中日韩 FTA 的谈判和实施。中国认为，中日韩 FTA 对于深化中日韩三国之间的经贸合作、促进区域经济一体化具有重要意义。中国政府鼓励各方加快谈判进程，推动中日韩 FTA 的达成，并为此提供了必要的政策支持和资源。

日本也对中日韩 FTA 持积极态度，尤其是在现任日本首相岸田文雄上任后，他曾表达了进一步推动中日韩 FTA 谈判的意愿。日本政府认为，中日韩 FTA 有助于加强东北亚地区的经济联系，提高贸易自由化水平，并促进产业的竞争力和长远发展。日本也愿意在谈判中扮演积极的角色，与中国和韩国一道寻求共识。

韩国在过去对中日韩 FTA 的态度相对保留，但随着时间的推移，韩国也开始表达更加积极的立场。韩国政府认识到了中日韩 FTA 的潜在益处，并逐渐转变为支持和参与谈判。韩国希望通过中日韩 FTA 加强与中国和日本的经济联系，促进贸易自由化和投资便利化，扩大市场准入，提高企业的国际竞争力。

尽管中日韩三国在对待中日韩 FTA 的态度上存在一些差异，但三国都意识到了这一自贸协定的重要性，并愿意推动谈判进程。通过加强对话、协商和互信，中日韩三国有望在未来进一步加深经贸合作，实现中日韩 FTA 的达成和实施。

（二）建立中日韩 FTA 对东北亚地区经贸的影响

建立中日韩 FTA 具有重大的意义，对中日韩三国以及整个东北亚地区的经济和地缘政治格局都会产生积极的影响。

首先，中日韩 FTA 将为中日韩三国带来经济利益。中日韩三国是东北亚地区三大经济体，拥有庞大的市场和实力雄厚的产业。建立自由贸易区将消除贸易壁垒、扩大市场准入、降低贸易成本、促进贸易和投资自由化。这将为企业创造更大的商机和发展空间，推动经济和就业机会的增加。

其次，中日韩 FTA 有助于深化中日韩三国之间的经济合作和互信。通过建立贸易和投资的规则和机制，中日韩 FTA 将为中日韩三国提供更稳定、透明和可预测的商业环境。有助于吸引更多的投资和人才流动，加强产业链和价值链的融合，促进技术转移和创新合作。同时，中日韩 FTA 将进一步加强三国之间的经济联系和互信，推动地区内的经济一体化和共同发展。

再次，中日韩 FTA 有助于提升中日韩三国的国际竞争力和地位。随着全球经济格局的变化，东北亚地区正逐渐成为全球经济增长的重心。通过建立自由贸易区，中日韩三国可以加强合作，提高产品和服务的质量和竞争力。这将有助于中日韩三国在全球市场上更好地竞争，并在全球价值链中发挥更重要的作用。同时，中日韩 FTA 也为三国提供了更多的机会，可以参与和推动全球贸易和投资规则的制定，增强地区的话语权和影响力。

最后，中日韩 FTA 有助于推动地区的和平与稳定。通过经济合作和相互依赖，中日韩三国可以加深相互之间的联系和交流，增进政治互信。这将有助于减少政治和安全上的摩擦，降低冲突的风险，为地区的和平与稳定提供有力支持。

综上所述，建立中日韩自由贸易协定将为中日韩三国带来经济利益，促进经济增长和就业机会的增加。同时，中日韩 FTA 也将深化中日韩三国之间的经济合作和互信，提升其在全球经济中的竞争力和地位。此外，中日韩 FTA 还有助于推动地区的和平与稳定，减少政治和安全上的摩擦。

（三）中日韩 FTA 前景展望和意义

1. 中日韩 FTA 前景展望

中日韩自由贸易协定是中日韩三国推动的一个重要自贸框架，旨在促进三国之间的贸易自由化和经济合作。尽管在谈判过程中面临一些挑战和难题，但有许多迹象表明，中日韩 FTA 具有广阔的前景和潜力。

首先，中日韩 FTA 将为中日韩三国带来巨大的经济利益。由于三国在人口、市场规模和经济实力方面都具有重要地位，因此通过深化贸易合作和降低贸易壁垒，中日韩 FTA 有望扩大市场准入，提高贸易便利化水平，为本国企业创造更大的商机和发展空间。据估算，中日韩 FTA 的实施将有望显著增加三国之间的贸易额和投资流动。这对于中日韩三国来说，将成为经济增长的推动力，为就业机会的增加创造更多可能。同时，通过加强区域内的经济合作，中日韩三国还能更好地应对全球经济不确定性，共同推动地区和世界经济的发展。这一协定有望为东北亚地区的繁荣奠定更加坚实的基础。在货物贸易方面，中日韩三国的贸易特点是资本品和中间品的进出口占比较大，而这些商品在生产过程中可能经历多次跨境。建立中日韩自贸区有助于降低关税、简化海关程序，显著减少三国间交易的成本。这对出口商来说，不仅提供了更广阔的市场机遇，还降低了生产成本。例如，如果中国取消对液晶面板、电视显像管及其零部件的关税，这将促使更多这类产品从日本和韩国进口，同时也有助于降低中国电视机、电脑、手机等生产企业的生产成本。这样的降本增效不仅有益于提高企业在国际市场上的竞争力，还有助于为消费者提供更具竞争力的产品。这种互通有无的贸易机制将加强中日韩三国之间的合作，促进更高效的产业链协同作业。

其次，中日韩 FTA 有助于推动区域经济一体化。中日韩三国地理接近，具有互补的经济结构和产业优势。通过深化经济合作，三国可以在制造业、高新技术、服务业等领域实现更紧密的合作，形成产业链、价值链和供应链的深度融合。这将为三国提供更多的合作机会，提高整个地区的经济竞争力和吸引力。

再次，中日韩 FTA 将为三国带来更广泛的合作平台。随着全球经济的不断发展和演变，国际贸易和投资合作已经不再是单一的问题，而是涉及多领域的综合议题。中日韩 FTA 不仅关注贸易和投资的便利化和自由化，还涉及知识产权保护、服务贸易自由化、电子商务、竞争政策等多个领域的规则制定和合作。通过中日韩 FTA，三国可以共同应对全球经济和贸易挑战，加强协调和合作，推动地区内规则和标准的制定和推广。这种更广泛的合作平台有助于提升中日韩三国的国际话语权和影响力，使其在全球经济中发挥更加积极和重要的作用。在知识产权保护方面，中日韩 FTA 可以推动三国加强合作，共同制定更加严格和有效的知识产权保护规则，保护创新者的权益，促进技术创新和成果转化。在服务贸易自由化方面，中日韩 FTA 可以促进三国之间的服务贸易往来，消除服务贸易壁垒，提高服务贸易的便利化和自由化程度，推动服务业的发展和合作。在电子商务方面，中日韩 FTA 可以加强三国之间的电子商务合作，共同制定电子商务发展的规则和标准，促进电子商务的健康发展，提高三国的电子商务竞争力和市场份额。在竞争政策方面，中日韩 FTA 可以推动三国加强竞争政策协调和合作，共同制定竞争规则和标准，维护公平竞争的市场环境，促进经济的健康发展和市场秩序的维护。

最后，中日韩 FTA 有助于加强中日韩三国之间的政治合作和互信。尽管在一些政治问题上存在争议和分歧，但通过经济合作和贸易互联互通，中日韩三国可以加强相互之间的联系和交流，促进政治和安全层面的对话与合作。经济合作可以成为中日韩三国之间政治关系的润滑剂。随着贸易和投资流动的增加，中日韩三国之间的相互依赖性也将增强，这将有助于促进政治稳定与和谐。通过 FTA 的建立，中日韩三国可以共同应对全球经济和贸易挑战，加强在国际事务中的合作，推动建立更稳定、和谐和互利的地区秩序。同时，中日韩 FTA 还可以促进三国之间的安全合作。在经济交往中，难免会出现一些摩擦和争端。通过建立 FTA，中日韩三国可以共同制定解决争端的机制和规则，加强在贸易和投资领域的规则制定和合作，从而减少争端的发生，促进地区安全和稳定。

总之，中日韩 FTA 有助于加强中日韩三国之间的经济合作，促进政治合作和互信，加强地区安全和稳定。

2. 建立中日韩 FTA 的意义

中日韩 FTA 不仅在经济领域具有深远的影响，也对中日韩三国及整个亚太地区的政治和安全合作产生了积极的作用。建立中日韩 FTA 具有以下三点意义：

第一，促进经济合作。中日韩 FTA 的建立将带来一系列好处。首先，它有助于消除贸易壁垒，扩大市场准入，提高贸易便利化水平，从而为企业提供更多的商机和更广阔的发展空间。其次，中日韩FTA将促进商品和服务的自由流动，进一步优化资源配置，提高生产效率和竞争力。这不仅有助于中日韩三国经济的发展，也将对全球经济产生积极的影响。中日韩FTA的建立还将促进投资流动。随着贸易壁垒的降低和市场的开放，中日韩三国的投资环境将变得更加优越，吸引了更多的国内外企业前来投资。这将为中日韩三国带来更多的合作机会，推动产业升级和技术创新，促进经济的可持续发展。

第二，推动区域一体化。通过深化经济合作，中日韩三国可以更好地实现资源共享和优势互补，推动跨国投资、贸易自由化，进而提升整个地区的经济竞争力和影响力。另外，中日韩FTA有助于促进产业升级和技术创新，推动企业间紧密合作。这将为东北亚地区创造更加有利的营商环境，吸引更多国际投资，加速科技进步，提高劳动生产率，从而为整个地区的可持续发展奠定基础。

第三，提高地区安全稳定。经济繁荣与地区安全稳定相互关联。中日韩FTA的建立有助于增强三国之间的经济联系，从而在一定程度上促进地区的和平与稳定。在地区安全方面，中日韩FTA的建立可以为三国之间的政治和安全合作提供更广阔的平台。通过加强经济合作，中日韩三国可以进一步增进相互理解和信任，减少地区内的紧张局势和分歧，共同应对全球性挑战和威胁。此外，中日韩FTA的建立还可以促进三国之间的安全合作。在贸易和投资流动增加的情况下，三国有必要加强在安全领域的合作，共同应对跨国犯罪、恐怖主义等威胁，有助于提高地区的安全水平。

五、数字经济伙伴关系协定（DEPA）

（一）DEPA进展

《数字经济伙伴关系协定》（Digital Economy Partnership Agreement，DEPA）是由智利、新西兰和新加坡共同发起的一项旨在促进数字贸易和数字经济的新型贸易协议，该协议于 2020 年 6 月 12 日签署。DEPA 设计十余个模组，涵盖商业和贸易便利化、数字产品的处理及相关问题、数据问题、商业和消费者信任、新兴趋势和技术、创新与数字经济、中小型企业合作和数字包容性等主题。2021年 10 月 31 日，习近平主席以视频方式参与二十国集团峰会，于会上宣布决定加入。2021 年 11 月 1 日，中国商务部部长王文涛致信新西兰贸易部长奥康纳正式申请加入。2022 年 8 月 18 日，中国加入 DEPA 工作组正式成立，全面推进中国加入 DEPA 的谈判。

DEPA 在数字贸易问题上建立了新的方法和合作，促进不同制度之间的互操作性，并解决数字化带来的新问题。根据 TAPED 数据库的统计，截至 2021 年 6月，全球已签署的区域贸易协定中，有 188 个包含与数字贸易相关的特定条款，其中 113 个包含特定的电子商务条款，83 个包含电子商务（数字贸易）专章，分别占 60.1% 和 44.1%。[①] 在亚太地区，以 USMCA、CPTPP、RCEP、UJDTA 和DEPA 为代表的贸易协定的数字贸易（电子商务）章节或数字贸易协定正成为新一轮区域或全球数字治理的重要载体。然而，与以 USMCA 为代表的美国数字贸易模板和 CPTPP、RCEP 等区域贸易协定的数字贸易章节相比，DEPA 在协定覆盖范围、协定深度以及文本相似度方面存在一定差异。这些差异可能反映了 DE-PA 在处理数字贸易问题上的独特性和创新性，也可能反映了各协定在目标、重点和成员国需求方面的不同（见表 2-1）。

表 2-1 USMCA、CPTPP、RCEP、UJDTA 和 DEPA 关于数字贸易协定的差异

条款内容	USMCA	CPTPP	RCEP	UJDTA	DEPA
数字产品的非歧视待遇	√	√		√	√
国民待遇		√		√	√
最惠国待遇	√	√		√	√
国内电子交易框架	√	√	√	√	
电子认证和电子签名	√	√	√	√	
电子发票					√
电子支付					√

① 王金波，郑伟. 全球数字治理规则的重构与中国因应［J］. 国际贸易，2022（8）：11.

续表

条款内容	USMCA	CPTPP	RCEP	UJDTA	DEPA
线上消费者保护	√	√	√	√	√
线上个人信息保护	√	√	√	√	√
个人信息保护关键原则条款	√				
是否承认 APEC 和 OECD 等个人信息保护准则	√	√	√		
无纸贸易	√	√	√		√
数字贸易访问和使用互联网的原则	√	√			√
电子信息跨境传输（跨境数据自由流动）	√	√	√		√
计算机设施的位置	√	√	√		√
金融服务跨境数据流动和计算设施的位置				√	
非应邀商业电子信息	√	√	√	√	√
网络安全	√	√	√		√
禁止源代码披露	√	√		√	
禁止源代码算法披露	√			√	
交互式计算机服务	√			√	
使用密码的信息和通信技术产品				√	
公开政府数据	√			√	√
关税	√	√	√		
数字税	√	√		√	
一般例外	√	√	√		
国家安全例外	√	√	√		
审慎例外及货币和汇率政策例外				√	√
政府采购					
互联网互联费用分担		√			
争端解决	√	√			√
中小企业合作	√		√	√	√
与电子商务相关的计算机服务	√		√		
与电子商务相关的电信服务	√		√		
与电子商务相关的金融服务	√	√	√		
透明度	√		√		√
鼓励私营部门电子商务自我监管	√				
协调电子商务与知识产权的规定				√	
数字平台免责条款	√	√			

条款内容	USMCA	CPTPP	RCEP	UJDTA	DEPA
数字产品不包括金融工具的数字化形式	√				
对电子商务的不符措施		√	√		
对电子商务的保留			√		
协定条款数量	19	18	17	22	65
协定英文文本字数	3206	2706	2986	5346	10887

资料来源：笔者整理。

尽管存在这些差异，DEPA 仍然是一个重要的区域贸易协定，旨在推动数字贸易的发展和规范。它不仅为参与的国家和地区提供了合作平台，也为全球数字治理的发展提供了借鉴和启示。同时，DEPA 的差异性和独特性也提醒我们，在制定和实施区域贸易协定时，必须充分考虑各地区的实际情况和需求，以实现公平、包容和可持续的数字经济发展。

（二）DEPA 对中国数字经济发展的影响

1. 中国积极加入 DEPA

中国对 DEPA 的态度是积极加入，并已经采取了一系列措施来推进加入进程。中国认为，加入 DEPA 有利于推动数字贸易领域扩大开放，与成员建立起规则相通、标准相容的一体化数字贸易市场，有利于扩展与各国在新兴数字领域的互利合作，为企业带来数字产业合作商机，促进各方数字经济发展。中国还积极推动加入进程，以增强 DEPA 作为更广泛国际数字经济规则的影响力。

2022 年 8 月 18 日，中国正式宣布加入 DEPA 工作组成立，全面推进中国加入 DEPA 的谈判。此后，中国与 DEPA 成员国新西兰、新加坡、智利等在各层级开展对话，就中国加入 DEPA 的细节问题进行深入讨论。此外，中国还积极加强与 DEPA 成员国之间的数字经济合作。例如，中国与新西兰在电子商务、数据保护等领域开展了一系列合作项目，并共同探索了数字经济领域的创新合作模式。同时，中国与新加坡在数字贸易、智慧城市等领域积极合作，推动了相关领域的创新发展。

总之，中国积极加入 DEPA 并加强与 DEPA 成员国之间的数字经济合作，将有助于促进全球数字经济的发展和治理水平的提高。

2. DEPA 对中国数字经济发展提供机遇

DEPA 对中国数字经济发展提供了重要机遇。

首先，DEPA 提供更广阔的数字经济发展空间。DEPA 是一个数字经济合作协定，旨在促进数字贸易和数字经济领域的合作。通过加入 DEPA，中国可以进一步开放数字市场，加强与各成员国之间的数字贸易合作，为中国的数字经济发展提供更广阔的空间和更多的机会，促进中国数字经济的快速发展和全球化进程。

其次，DEPA 推动中国数字经济的市场化、专业化和规范化。在 DEPA 框架下，中国可以更好地融入全球数字经济体系，加强与各成员国之间的数字贸易合作。这有助于中国数字经济进一步实现市场化、专业化和规范化，提高中国数字经济的国际竞争力。通过与 DEPA 成员国的合作，中国可以引进和吸收先进的数字技术和管理经验，推动数字经济的创新和发展。

再次，DEPA 促进中国数字技术的创新和应用。DEPA 成员国之间在数字技术领域具有很强的互补性，中国可以通过与各成员国的合作，引进和吸收先进的数字技术，推动数字技术的创新和应用。这将有助于提升中国数字经济的实力和水平，促进中国数字经济的可持续发展。

最后，DEPA 提升中国在全球数字经济治理中的地位和影响力。DEPA 是一个高水平的数字经济合作协定，中国加入后将成为 DEPA 的重要成员之一。这将提升中国在全球数字经济治理中的地位和影响力，使中国在全球数字经济领域的话语权得到进一步提高。通过参与 DEPA 的决策和规则制定，中国可以发挥积极作用，推动全球数字经济的发展和治理水平的提高。

总之，加入 DEPA 为中国数字经济发展提供了重要机遇。它将有助于推动中国数字经济的开放、发展和创新，提升中国在全球数字经济治理中的地位和影响力。

（三）中国已签署自由贸易协定数字条款与 DEPA 的差异

1. 相同点

中国与 DEPA 成员签署的自由贸易协定（含升级版）均包含电子商务章节和

数字贸易条款。① 这些条款涉及电子商务、数字贸易、网络安全、人工智能等方面的合作和规范，旨在促进数字贸易的发展和规范化，为企业提供更多的商机和便利。而且，中国已签署的自由贸易协定和 DEPA 都旨在加强数字贸易合作，建立相关规范和标准，促进数字经济的发展。中国已签署的自由贸易协定和 DEPA 都鼓励促进电子商务的发展，支持企业开展电子商务活动，推动电子商务与传统产业融合发展。

2. 不同点

第一，条款范围不同。DEPA 协定涉及的数字贸易条款范围更广泛，包括关税、透明度、国内监管框架、国际监管合作、电子认证和数字证书、无纸贸易、反垃圾邮件、网络消费者保护、在线数据保护、通过互联网实现商品贸易便利化等，而中国已签署的自由贸易协定仅包含上述提到的部分议题，如关税、透明度、国内监管框架等传统议题。

第二，监管合作和承诺的可执行性不同。DEPA 协定的监管合作机制更加完善，承诺也更具有可执行性。例如，DEPA 协定明确要求成员国在涉及计算机设备的位置、源代码处理等方面作出承诺，并对金融服务计算设施进行单独的规制。相比之下，中国已签署的自由贸易协定在监管合作和承诺的可执行性方面可能存在一定的局限性。

第三，在中国已签署的含有电子商务章节的自由贸易协定中，RCEP 和升级版中国—新西兰与 DEPA 的重合度最高。这表明这两项协定在电子商务和数字贸易的合作方面与 DEPA 最为接近。而其他自由贸易协定如中韩、中澳、升级版中国—新加坡、升级版中国—智利等，虽然也包含了电子商务章节，但与 DEPA 的覆盖范围存在差异。此外，在文本相似度分析方面，以 DEPA 为基准的 Python 文本相似度分析发现，RCEP、升级版中国—新西兰与 DEPA 的文本相似度要明显高于其他自由贸易协定。这进一步表明了 RCEP 和升级版中国—新西兰在电子商务和数字贸易的合作方面与 DEPA 最为接近。

① 目前，在中国已签署（含升级版）的 19 个自由贸易协定中，有 8 个（中韩、中澳、中国—毛里求斯、中国—柬埔寨、RCEP、升级版中国—新加坡、升级版中国—新西兰、升级版中国—智利）含有电子商务章节。其中，同日生效的中韩、中澳自贸协定是中国最早含有电子商务章节的自由贸易协定。DE-PA 成员中，中国与新西兰、新加坡、智利的自由贸易协定（含升级版）均含有电子商务章节；与正在申请加入 DEPA 的韩国也已签有包含电子商务章节的自由贸易协定。

第三章

中国与东北亚国家双边经贸合作

在全球经济低迷的大背景下，东北亚各国都面临着经济增长放缓、经济下滑甚至衰退的严峻挑战。东北亚地区拥有多元化的国家经济体，这些经济体之间具有天然的互补性优势，为深化合作提供了广阔的机遇。全球金融危机暴露了产业结构不完善等问题，因此，东北亚区域合作需要进行创新调整，这是大势所趋。在此背景下，推动更紧密的区域经济合作和创新将有助于应对共同面临的经济压力，实现更为可持续的发展。

一、中国与日本经贸合作分析

（一）中日经贸合作现状

1. 中日贸易投资协议

1952 年，中国与日本正式签订了第一个民间贸易协定，1962 年签署了《关于发展中日两国民间贸易的备忘录》，1978 年签订了《中日长期贸易协议》。目前，中日双方签订了 16 个贸易投资相关协议、协定，有力推动了双边经贸合作（见表 3-1）。

表 3-1　中日主要贸易投资协议

年份	贸易投资协议
1952	中国贸促会同日本促进中日贸易三团体签订第一次民间贸易协议
1955	《关于黄海东海渔业的协定》（民间协定）
1974	《中日贸易协定》
1978	《中日商标保护协定》
1980	《中日政府间科技合作协定》
1984	《中日税收协定》
1985	《中日关于对所得避免双重征税和防止偷漏税的协定》
1986	《中日和平利用核能合作协定》
1989	《中日投资保护协定》
1994	《中日环保保护合作协定》
2000	《中日渔业协定》
2006	《中日关于海关互助与合作协定》
2012	《中日韩关于促进、便利和保护投资的协定》
2018	《中日双边本币互换协议》
2019	《中日社会保障协定》
2022	《区域全面经济伙伴关系协定》

资料来源：中国商务部。

2. 中日双边贸易

中日双方互为重要的贸易伙伴。如表 3-2 所示，从进口额方面来看，2017 年进口额为 1656.53 亿美元，到 2022 年为 1844.97 亿美元，总体呈现稳定增长的趋势。这表明中国从日本进口的商品数量在逐年增加。从出口额方面来看，2017 年出口额为 1373.24 亿美元，到 2022 年为 1729.27 亿美元，同样呈现稳定增长的趋势。这表明中国对日本的出口商品数量也在逐年增加。从进出口总额方面来看，2017 年总额为 3029.77 亿美元，到 2022 年为 3574.24 亿美元，总体呈现增长趋势。这表明中日双边贸易的总规模在逐年扩大。从总额增长率方面来看，2018 年总额增长率为 8.15%，之后几年波动较大，到 2022 年为-3.76%。这表明中日双边贸易的增长速度在逐渐放缓。

表 3-2　2017~2022 年中日进出口贸易量　　单位：亿美元,%

年份	进口额	出口额	进出口总额	总额增长率
2017	1656.53	1373.24	3029.77	10.26
2018	1805.80	1470.83	3276.63	8.15
2019	1717.62	1432.70	3150.33	−3.85
2020	1748.74	1426.64	3175.38	0.80
2021	2055.53	1658.49	3714.02	16.96
2022	1844.97	1729.27	3574.24	−3.76

资料来源：中华人民共和国海关总署。

2022 年，中日经贸合作在疫情下展现出强劲韧性和巨大潜力。据中国海关总署报告显示，中日贸易额为 3574.24 亿美元，同比下降 3.76%，其中中国出口额 1729.27 亿美元，进口额 1844.97 亿美元。中国企业对日非金融类直接投资额 3.7 亿美元。日本企业对华投资实际到位金额 46.1 亿美元，同比增长 17.7%。截至 2022 年底，日本累计对华投资实际到位金额达 1276 亿美元。

整体来看，中日双边贸易呈现出稳定增长的趋势，但增长速度逐渐放缓。这可能与全球经济形势的变化以及中日两国经济政策的影响有关。为进一步促进中日双边贸易的发展，双方需要加强合作，共同应对全球经济形势的变化和挑战。

3. 中日经济高层对话

2022 年是中日邦交正常化 50 周年，也是两国关系发展的重要里程碑。在过去半个多世纪里，尽管中日关系有时会出现波折，但友好合作始终是主流。经贸往来作为双边关系的重要推动力，为两国经济的快速发展和互利合作提供了重要支撑。

中国在 40 多年前开启改革开放后，日本率先开展对华务实合作，积极支持中国经济发展，同时也给自身提供了广阔的市场和发展空间。两国企业界为此付出了巨大的努力和贡献，共同打造了国与国之间互利共赢合作的典范。

2007 年 4 月，中日两国正式启动经济高层对话机制，旨在加强两国在经济发展战略和宏观经济政策方面的沟通与协调，推动跨部门经济合作，并就重大地区及国际经济问题交换意见。该对话机制曾于 2018 年 4 月重启，由中国外交部部长王毅和日本时任外相河野太郎共同主持。

在过去的数十年中，中日经济高层对话和相关机制为两国经济合作提供了重要的平台和框架。双方通过交流意见和分享经验，增进了理解和信任，推动了双边关系的稳定发展。同时，中日两国在经贸、科技、文化等领域的合作也不断深化，为两国人民带来了实实在在的利益。

为了进一步发展中日关系，两国领导人在2022年11月会晤中达成了五点共识。这些共识为新时代中日关系的发展指明了方向，也预示着两国未来将在更多领域加强合作。其中，稳定发展中日关系是双方共同的目标之一，也是推动地区和平稳定和繁荣的重要因素。

在未来，中日双方应继续加强沟通交流，深化经贸合作，促进人员往来，增进民间友好，以实现共同发展和繁荣。同时，双方应积极参与全球经济治理和区域经济一体化，推动构建开放、包容、普惠、平衡、安全的全球经济和贸易体系。

4. 中日双向投资

如图3-1所示，2017~2022年，中日双向投资相对来说比较平稳。2020年中国对日本直接投资额为14.59亿美元，比2019年下降23.76%；同期日本对中国直接投资额为110.95亿美元，比2019年下降7.79%。2021年，中国对日本直接投资额8.18亿美元，比2020年下降43.96%；同期日本对中国直接投资额为120.88亿美元，比2020年增长9.05%。2022上半年，中国对日本直接投资额为3.36亿美元，同比下降约40.21%；同期日本对中国直接投资额为47.31亿美元，同比下降约10.95%。

中日邦交正常化以来，两国经贸关系得到长足发展。双边贸易额从1972年的10.38亿美元发展到2022年的3570多亿美元，增长了350多倍，人员往来增长500多倍，两国缔结的友城数量在两国对外关系中都为最多。相互投资、技术合作、工程劳务合作、多边合作等的发展，为两国及本地区的经济发展和人民都带来了实实在在的利益。

5. 中日双边贸易

2017~2022年，中日双边贸易的进出口总额增长率虽然在某些年份有所下降，但总体上呈增长趋势（见表3-2）。这种增长在一定程度上是由全球经济复苏和疫情得到控制所推动的。然而，即使在这种增长的情况下，中日双边贸易仍

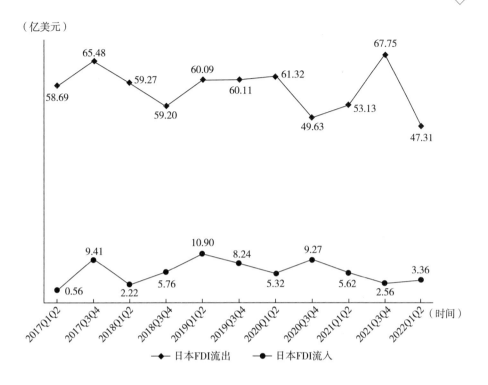

（亿美元）

图 3-1　2017～2022 年中日双向直接投资

资料来源：JETRO。网址：https：//www.jetro.go.jp/world/japan/stats/fdi/。

然相对滞后，没有完全发挥出两国经济的潜力和互补性。从表 3-2 中可以看出，中国对日本的出口额和进口额都在逐年增长，但出口额的增长速度略高于进口额。这表明中日双边贸易的平衡性正在逐渐改善，中国的贸易顺差略有扩大。然而，这种平衡性的改善是有限的，仍然存在一定的贸易不平衡问题。

为了进一步促进中日双边贸易的发展，需要采取一系列措施。首先，中日双方需要加强政治互信和经济合作，共同应对全球经济的挑战和机遇。其次，中日双方需要加强贸易谈判和协商，解决贸易壁垒和关税问题，降低贸易成本和不确定性。再次，中日双方需要加强产业合作和技术创新，推动高端制造业和服务业的发展，提高贸易附加值和竞争力。最后，中日双边贸易的发展还需要考虑到地区和全球经济的因素。例如，日本是全球重要的经济体之一，拥有先进的技术和高端制造业，而中国则是全球最大的制造业基地之一，拥有广阔的市场和资源优势。双方可以在互利共赢的基础上加强合作，推动中日双边贸易的发展，为地区和全球经济的繁荣做出贡献。

如图 3-1 所示，相比日本对中国投资额的稳定增长，中国对日本直接投资额的波动较大。2020 年和 2021 年连续两年下降，2022 年上半年又同比下降约40.21%。相比之下，日本对中国直接投资额在 2021 年有所增长，2022 年上半年虽有下降，但整体呈增长趋势。中日双向投资回升乏力，主要受以下三个方面因素影响。一是全球经济形势。全球经济形势的不稳定性和不确定性，对中日两国的双向投资都产生了不小影响。在这样的大背景下，投资者可能会对投资决策持更为谨慎的态度，导致投资回升乏力。二是新冠疫情。新冠疫情对全球经济造成了冲击，对中日两国的经贸合作，包括双向投资，也产生了不小的影响。新冠疫情可能导致一些企业经营困难，从而影响投资决策。三是产业结构差异。中日两国的产业结构存在较大的差异，这也是导致双向投资回升乏力的一个重要因素。日本以高端制造业和高科技产业为主，而中国则以中低端制造业和劳动密集型产业为主，这种产业结构的不同可能导致两国之间的投资合作存在一定的局限性。

想要促进中日双向投资的回升，需要加强两国之间的政治互信、深化经济合作、推动产业协同发展、提高市场透明度和降低不确定性等措施的实施。同时，也需要克服疫情带来的不利影响，共同推动中日经贸合作向更高水平发展。

（二）中日经贸合作展望

中日两国是一衣带水的近邻，中日两国一直以来都保持着重要而复杂的经贸关系。在过去的几十年里，两国在经济领域建立了紧密的联系，共同推动了地区和全球的经济繁荣。随着时间的推移，中日之间的合作在范围和深度上都取得了显著的进展。在当前国际经济不确定性增加的情况下，中日两国继续加强经贸合作，不仅有助于双方的共同利益，也会对亚太地区和世界经济产生积极影响。

1. 贸易与投资

中日两国是全球最大的两个经济体之一，双方的贸易规模巨大。未来，中日两国可以促成更多双边和多边贸易协定的签署，以促进更加自由和开放的贸易环境。这些协定将有助于消除或减少关税和非关税壁垒，进一步推动双方的货物和服务贸易的增长。同时，随着全球经济的复苏和技术的快速发展，中日两国的服务贸易也将有更大的发展空间。除贸易外，双方之间的投资关系也日益密切。随着双方对经济结构的调整和优化，可以预见双边投资的进一步增长。中国企业正在积极寻找海外市场，而日本则希望引入更多的外国投资以促进其经济发展。共同推动贸易便利化和投资保护将有助于为中日企业提供更稳定的发展平台。另外，中日两国在区域经济一体化方面也有着广阔的合作前景。中日都是亚太地区的重要国家，两国在区域经济一体化进程中发挥着重要作用。未来，中日两国可以进一步深化在亚太经合组织、东盟地区论坛等机制中的合作，共同推动亚太地区的经济一体化和经济发展。

2. 创新与科技

中日两国在科技和创新领域具有丰富的资源和潜力。随着人工智能、生物技术、新能源等领域的快速发展，两国可以进一步深化在科技创新方面的合作。通过共同投资研发、设立联合实验室、共享科技资源等合作方式，中日可以在全球科技创新竞争中保持领先地位。在人工智能领域，中日两国都拥有各自的优势和特色。中国在人工智能应用方面具有广阔的市场和丰富的数据资源，而日本则在人工智能基础研究和核心技术方面具有领先地位。通过加强两国在人工智能领域的合作，可以进一步推动人工智能技术的发展和应用，为两国的经济发展和社会进步提供强有力的支持。在生物技术领域，中日两国在基因组学、生物医药、生物农业等领域有着广泛的研究合作。通过共同投资研发、共享生物资源和技术，中日两国可以进一步推动生物技术的发展和应用，为人类健康和可持续发展做出更大的贡献。在新能源领域，中日两国都面临着能源转型和减排的压力。通过在新能源技术研发和产业化方面的合作，两国可以共同推动新能源产业的发展，实现可持续发展和环境保护的目标。除此之外，中日两国还可以在科技金融、科技教育、科技文化等方面加强合作，共同推动科技创新和文化创新的发展。通过加强科技合作和文化交流，中日两国的科技创新和发展将更加充满活力和创造力。

3. 数字经济

随着数字化时代的来临，数字经济已经成为全球经济的一个主要驱动力。中日两国在电子商务、人工智能、大数据等方面都具有强大的实力，这为两国在数字经济领域的合作提供了坚实的基础。在电子商务方面，中国和日本都是全球电子商务市场的重要参与者。中国拥有世界上最大的电子商务市场，而日本则在电子商务的智能化和精细化方面具有领先地位。通过加强两国在电子商务领域的合作，可以进一步推动电子商务的发展，提高两国在全球电子商务市场上的竞争力。在人工智能领域，中日两国拥有丰富技术实力与大量先进研究机构，可以共同促进技术创新。中国凭借庞大的人才储备和强大的创新生态系统脱颖而出，尤其在大数据和应用领域表现卓越。日本在机器学习、自然语言处理等核心领域有杰出的研究与发展成果。通过技术互补，中日两国为推动人工智能的前沿研究和应用提供了坚实基础。在大数据方面，中国以其庞大的数据资源和先进的处理技术在大数据应用方面取得了显著进展。日本则在数据分析和隐私保护等领域具备独特优势。两国共同合作，不仅加速了大数据技术的演进，也为解决全球性挑战提供了可行的解决方案。除了电子商务、人工智能和大数据等领域的合作外，中日两国还可以在数字治理方面加强合作。随着数字经济的快速发展，数字治理问题也日益重要。通过加强两国在数字治理领域的合作，可以共同应对数字治理的挑战，推动数字经济的健康发展。

总体而言，中日两国在未来的经济合作中有着广泛的发展空间。通过加强贸易、深化创新合作、共同应对全球性挑战，中日经济合作有望在未来继续发挥积极作用，推动双方乃至全球的经济繁荣发展。为了实现这一愿景，双方需要保持高层对话的频繁与深度，解决潜在的分歧，共同努力创造一个稳定、开放、公正的国际经济环境。中日两国在经济领域的合作不仅将造福于两国人民，也为世界经济注入新的活力。

二、中国与韩国经贸合作分析

（一）中韩经贸合作现状

1. 中韩贸易投资协议

中韩两国自建交以来，政府间合作日益紧密。截至 2022 年，中韩两国政府间签署的协定（包括协议、备忘录等）超 30 项，既包括外交、贸易、投资等宏观领域，又包括劳务、海关合作、航空运输、渔业等具体领域（见表 3-3）。2012 年 5 月，中韩经贸部长会议举行，宣布启动自由贸易协定谈判，该协定于 2015 年 12 月 20 日正式生效。2017 年 12 月，时任总统文在寅访华期间，双方宣布启动协定第二阶段谈判。①

表 3-3　1992~2022 年中韩主要经贸合作协定

年份	协定名称
1992	《中韩政府贸易协定》
1994	《关于成立中韩产业合作委员会的协定》
1994	《关于对所得避免双重征税和防止偷漏税的协定》
1994	《关于海关合作与互助的协定》
1994	《民用航空运输临时协定》
1998	《中韩关于简化签证手续和颁发多次签证的协定》
2000	《中韩渔业协定》
2000	《中华人民共和国和大韩民国引渡条约》
2007	《关于促进和保护投资的协定》
2008	《进出口水产品卫生管理协议》
2010	《关于启动雇佣许可制劳务合作的谅解备忘录》
2011	《关于共同支持建立中韩产业园的谅解备忘录》
2013	《中韩面向未来联合声明》
2015	《中韩自由贸易协定》
2015	《关于开展第三方市场合作的谅解备忘录》
2015	《关于中韩经贸合作中长期发展联合规划（2016—2020）的谅解备忘录》
2017	《关于启动中韩自贸协定第二阶段谈判的谅解备忘录》
2020	《中韩货币互换协议（续签）》
2022	《区域全面经济伙伴关系协定》

资料来源：中国外交部。

2. 中韩双边贸易

1992 年 8 月中韩正式建交以来，双边经贸交往不断深化，贸易规模稳步上

---

① 资料来源：中国外交部。

升，2005 年突破 1000 亿美元，2010 年突破 2000 亿美元，2018 年突破 3000 亿美元。2021 年，中韩贸易额为 3623.51 亿美元，比 2020 年增长 27.02%（见表 3-4）。其中，中国对韩国出口 1488.64 亿美元，自韩国进口 2134.87 亿美元，同比分别增长 32.3% 和 23.3%。

表 3-4　2017~2022 年中韩进出口贸易量　　　　　单位：亿美元,%

年份	进口额	出口额	进出口总额	总额增长率
2017	1775.08	1027.51	2802.60	10.96
2018	2046.39	1087.89	3134.28	11.84
2019	1735.75	1110.01	2845.76	-9.21
2020	1727.60	1125.05	2852.64	0.24
2021	2134.87	1488.64	3623.51	27.02
2022	1996.67	1626.21	3622.89	-0.02

资料来源：中华人民共和国海关总署。

2022 年，中韩贸易额为 3622.89 亿美元，比 2021 年下降 0.02%（见表 3-4）。其中，中国对韩国出口 1626.21 亿美元，比 2021 年增长 9.24%；自韩国进口 1996.67 亿美元，比 2021 年下降 6.47%。韩国从此前中国的第五大贸易伙伴上升一位，取代日本，在 2022 年成为中国第四大贸易伙伴，而日本则下滑至第五位。

3. 中韩双向投资

中韩两国在投资领域的合作不断扩大，目前双向投资额累计超过 1000 亿美元。自 2008 年以来，中国已成为韩国第二大投资对象国。从 2020 年起，中国成为韩国第六大外商直接投资来源国。如图 3-2 所示，2017~2022 年，中国对韩国直接投资额在 2019 年达到最低的 1.88 亿美元，较 2018 年减少 6.02 亿美元，同比降幅高达 76.1%；2020 年、2021 年中国对韩国直接投资开始回暖，投资额分别为 2.28 亿美元、3.6 亿美元，相对 2019 年各增长 20.6%、58.1%。反观韩国对中国的投资，虽在 2020 年受新冠疫情影响呈下降趋势，但在其他年份一直保持持续增长。2022 上半年，中国对韩国直接投资金额为 1.01 亿美元，同比下降约 16.5%，同期韩国对中国直接投资额为 54.79 亿美元，同比增长约 123.5%。

这种增长可能受到多种因素的影响，包括中国经济的持续增长、市场潜力的扩大以及两国之间的友好贸易关系等。

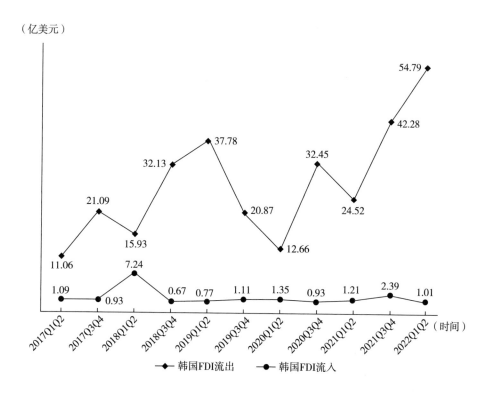

图3-2　2017～2022年中韩双向直接投资

资料来源：韩国银行；韩国产业通商资源部。

总的来说，尽管中韩两国的双向投资在过去几年中有所波动，但总体趋势是上升的。这表明两国在投资领域的合作潜力巨大，并且在不断发展和深化。未来，随着全球经济形势的变化和贸易保护主义的抬头，中韩两国需要进一步加强在投资领域的合作与交流，以促进两国经济的共同发展和繁荣。

4. 中韩贸易总体态势

中国是韩国最大的贸易伙伴国、最大出口市场和最大进口来源国，同时也是韩国最大的贸易顺差国。在全球供应链不稳定的情况下，中韩贸易总额2022年达到3622.89亿美元，较1992年的64亿美元增长近56倍，人员往来规模也扩大近百倍。中国企业对韩国非金融类直接投资 3.6 亿美元。韩国企业对中国直接投资实际使用金额 66 亿美元，同比增长 63.2%。截至 2022 年底，韩国累计对中国实际投资额 968.3 亿美元。

在全球经济脆弱复苏的背景下，中韩贸易保持较快增长，2010~2021 年，中韩双边贸易结合度指数①均大于 1，表明中韩互为重要出口市场，两国贸易联系紧密，且韩国对中国 TI 指数高于中国对韩国 TI 指数（见表 3-5），说明韩国更需要中国市场。从总体上看，双边 TI 指数都在波动中有所下降，中韩贸易结合度呈现强变弱的趋势。

表 3-5　2010~2021 年中韩双边 TI 指数

年份	2010	2011	2012	2013	2014	2015	2016	2017	2018	2019	2020	2021
中国对韩国	1.55	1.51	1.49	1.47	1.50	1.66	1.73	1.66	1.57	1.63	1.63	1.62
韩国对中国	2.72	2.51	2.44	2.46	2.38	2.52	2.49	2.36	2.41	2.24	1.81	2.12

资料来源：笔者根据 UN Comtrade Database 提供的数据整理计算得到。

中韩两国经贸关系的持续稳健发展是维护双边关系稳定的重要基石和强大引擎。《中韩自贸协定》（以下简称《协定》）是迄今为止中国对外商谈的涉及国别贸易额最大、综合水平最高的自贸协定之一。《协定》于 2015 年 12 月 20 日正式生效，在全球贸易环境低迷的背景下，双方已经进行了 8 次关税削减，展现了双方对贸易自由化的坚定决心。目前，双方零关税的产品已经覆盖了双边贸易额的 55%，《协定》降低了两国在日用化工、服装鞋帽、家电、农水产品等领域商品的关税，中国对原产于韩国进口货物实施零关税的项目比例已超过 40%。

《协定》为推动双边经贸关系发展发挥了重要作用，为两国企业和人民带来了实质性的利益。据商务部统计，50% 的受访企业表示，《协定》生效后对韩国出口均有所增长或大幅增长；57% 的受访企业反映咨询量或订单数量有所增加或大幅增加。目前，《协定》执行顺利，两国企业和经贸团体都在利用《协定》拓

① 贸易结合度（TI）是来衡量一国对另一国贸易依赖程度。$TI_{ij} = (X_{ij}/X_i) / (M_j/M_w)$，$X_{ij}$：$i$ 国对 j 国的出口额；X_i：i 国的出口总额；M_j：j 国的出口总额；M_w：世界出口总额；当 $TI_{ij}<1$ 时说明 i 国对 j 国在贸易上联系松散；当 $TI_{ij}>1$ 时说明 i 国对 j 国在贸易上联系紧密。

展贸易和投资，这对提升企业信心，促进双边经贸往来发挥着积极作用。为了进一步降低可能存在的抄袭率，我国将继续秉持开放包容的态度，加强与韩国的经贸合作，共同应对全球贸易挑战，推动双边关系持续健康发展。

（二）中韩经贸合作展望

中韩两国一衣带水，人文交流和经贸合作源远流长。两国互为重要贸易伙伴和全球产业链、供应链的重要参与者，双边关系与经贸合作发展迅速，取得了令人瞩目的成果。在全球经济复苏乏力的背景下，中韩贸易保持较快增长，充分展示了经贸合作的韧性和潜力，也为全球经贸复苏、地区安全稳定作出了贡献，成为地区稳定的压舱石。中韩经贸合作主要有以下特点：

1. 中韩贸易存在互补性和相互依赖性

中韩两国在经济结构和产业特点上具有明显的互补性。中国作为全球最大的制造业国家之一，拥有庞大的市场规模、丰富的劳动力资源和低成本的生产优势。韩国则在高科技制造业、电子产品、汽车、船舶等领域具有竞争优势。因此，两国在贸易上相互依存，通过互相提供产品和服务实现了互利共赢。中韩两国都扩大了对双方国家的进口规模。

中韩两国之间的贸易合作形成了相互依赖的关系。中国是韩国最大的贸易伙伴之一，而韩国也是中国在东北亚地区的重要贸易伙伴。双方通过贸易往来相互依赖，实现了互利共赢。中国向韩国出口大量的原材料和零部件，满足韩国制造业的生产需求。韩国则将这些进口的原材料和零部件加工成高附加值的产品，再出口到其他国家。这种相互依赖的贸易合作推动了中韩两国之间经济的持续发展。如表3-4所示，韩国对中国进口额从2017年的1027.51亿美元增加到2022年的1626.21亿美元，增加了598.7亿美元；同期中国对韩国进口额从1775.08亿美元增加到1996.67亿美元，增加了221.59亿美元。中华人民共和国海关总署统计显示，2021年，中韩双边贸易额达到3623.51亿美元，占韩国贸易总额的24%左右，是建交当年的72倍。同时，中韩两国间服务贸易也取得了显著进展。韩国银行统计数据显示，2020年，中国对韩服务贸易进出口额分别为172亿美元和163亿美元，均比2010年增长了30%左右。在诸多服务贸易门类中，运输业、旅游业、知识产权使用占据着前三位。

2. 中韩贸易结构以加工贸易为主

在东亚地区，经济发展模式常被称为"雁行模式"。在这种模式下，中国和韩国利用各自显著的互补性构建了紧密的产业分工体系。因此，加工贸易在中韩两国的进出口结构中占据了重要地位，中国更是韩国最大的中间品贸易伙伴。韩国对中国的出口中，很大一部分是中间材料，如电子元件等。这些材料在中国进行进一步的加工和组装后，或再次出口到韩国，或销往其他市场。作为全球最大的制造业国家之一，中国拥有丰富的资源和相对低成本的劳动力，可以提供各种原材料和零部件。而韩国在高科技制造业和加工技术方面则具有显著优势，能够将这些原材料和零部件转化为高附加值的产品。

由此，中韩两国之间形成了一种深度的互补关系，通过加工贸易，两国都实现了各自利益的最大化。这种方式不仅促进了中韩两国经济的增长，也为东亚地区的经济合作提供了有力的支持。

3. 韩国对中国的出口增长趋势放缓

自中国加入世界贸易组织后，中韩贸易中的中方逆差呈现快速增长的态势。虽然2008年全球金融危机后，随着双边进出口贸易的下滑，逆差规模也相应下降，但是在2013年和2018年，中韩双边贸易出现阶段性的峰值，中方逆差规模也达到区间最大值，分别为919亿美元和955亿美元。2018年以来，中国逆差规模逐渐下降，到2021年达到646亿美元。但在2022年，韩国对华贸易顺差规模骤降95%至12.1亿美元。

在2022年，韩国向中国出口了1558.1亿美元的商品，比2019年的1629.1亿美元减少了4.4%。2018~2021年，中国一直是韩国前三大的贸易顺差来源国之一。但2022年，韩国对华贸易顺差规模大幅下降95%，只有12.1亿美元，中国在贸易顺差来源国中的排名也降至第22位。自2022年10月起，韩国对中国贸易出现了罕见的连续7个月的逆差，而且逆差规模还在持续扩大。2023年1月，中国成为韩国最大的贸易逆差来源国，逆差额高达39.3亿美元。据最新数据显示，截至2023年5月份的前20天，逆差额已经累计达到112.6亿美元。这意味着韩国对华贸易收支可能在2023年出现自两国建交31年来首次全年的逆差。

4. 中韩贸易结构改变

中韩两国贸易结构的改变是一个长期且复杂的过程，从 20 世纪 90 年代初期的初级产品和原材料贸易，逐步转向为以零部件与中间品为主的贸易模式。这种转变既反映了中韩两国经济发展的阶段性和特点，也揭示了全球化背景下贸易结构调整的趋势。具体来说，中韩两国在 20 世纪 90 年代初期的贸易产品主要包括农产品、矿物燃料、化学纤维短纤、人造纤维长丝等初级产品和原材料。这主要是因为当时的中国经济处于起步阶段，对原材料的需求较大，而韩国则已经完成了工业化进程，开始向外出口纤维原料、石化制品、钢铁制品等产品。然而，自 20 世纪 90 年代中期开始，电子电气产品的贸易迅速扩大，计算机及手机零部件、汽车零部件成为重要贸易产品。这一变化主要得益于科技的进步和全球化的推动，使得电子电气产品的生产和贸易逐渐成为全球贸易的重要组成部分。进入 21 世纪之后，韩国向中国出口的电子产品与汽车零部件数量大幅增加，助推中国成为电子产业的世界加工组装中心。这一趋势反映了中国在制造业领域的快速发展和韩国在技术和零部件供应方面的优势。中国海关数据显示，中国向韩国的出口产品中，中间品的比重从 1992 年的 48.6%增至 2021 年的 64.5%，而中国从韩国的进口产品中，中间品的比重也从 1992 年的 74.1%增至 2021 年的 80.1%。这进一步证明了中韩两国贸易结构由以原材料为中心转向以零部件与中间品为中心的转变。这种转变对中韩两国经济都具有重要意义。对于韩国来说，向中国出口电子产品和汽车零部件等中间品可以带动其制造业的发展和技术创新；对于中国来说，从韩国进口高质量的零部件和中间品可以提升中国制造业的竞争力和技术水平。

随着中国产业结构高度化，中韩产业之间的部分互补性关系转化为竞争性关系。中韩之间的贸易产品结构也随着这种变化发生重大改变。中国高科技中间产品及高端消费品出口竞争力提升是中韩贸易格局改变的深层次原因。中韩两国贸易结构中的服务贸易和高科技产品贸易比重不断增加，而钢铁、煤炭等传统产品贸易比重则逐渐减少。从商品结构看，2023 年 1 月，韩国对华逆差前四位的商品是精密化工原料（-18.5 亿美元）、干电池及蓄电池（-13.8 亿美元）、电脑（-11.2 亿美元）、工业电子设备（-7.3 亿美元）。在汽车、手机、家电等韩国传统优势出口领域，中国均培育出了一批具备国际知名度的企业，目前两国间贸易已开始向着产业内贸易方向发展。

总的来说，中韩两国贸易结构的改变是中韩经济关系不断深化的体现，也是全球化背景下贸易结构调整的必然趋势。未来，随着科技的不断进步和全球化的深入推进，中韩两国在贸易和投资领域的合作将会更加紧密和深入。

5. 绿色领域合作潜力大

"双碳"目标的引领给中韩两国带来诸多新机遇，双方可以共同探索绿色低碳合作的新模式。中韩两国的能源消费结构相似，一次能源消费结构中均以化石能源为主。2021年，两国一次能源消费中化石能源的占比均在85%左右。中韩双方可以在可再生能源开发和技术成果转化、化石能源清洁高效利用、绿色能源合作等方面强强联合，携手共进。比如在氢能利用方面，发展氢能产业已成为当前能源技术变革的重要方向，中韩两国也都公布了氢能产业的发展规划。双方可以加强政策交流对话，发挥各自的资源和市场优势，推动技术和产业合作优势互补，力争在氢能布局领域实现合作共赢，为共同推动绿色低碳发展、应对全球气候变化作出贡献。

6. 深化服务贸易与旅游合作

服务贸易与旅游合作是中韩两国深化经济合作的重要领域。在服务贸易方面，中韩两国可以加强教育、文化和医疗等领域的合作。通过促进教育机构的合作、文化艺术交流和医疗资源共享，双方可以实现互利共赢。这有助于提升两国服务业水平，满足不断增长的服务需求。同时，鼓励人员往来和旅游合作也是增进中韩友好关系的有效途径。通过简化签证流程、提供更便利的旅游服务，中韩两国可以吸引更多游客互访。中韩两国具有悠久的历史和丰富的文化底蕴，旅游合作有助于增进两国人民的相互了解，加深友谊。例如，推动电影、音乐、艺术等文化产业的合作，有助于提高两国文化产品在国际市场的竞争力。这不仅促进了创意产业的发展，也促使两国文化更好地走向世界。

7. 加强区域合作

中韩两国可以通过积极参与和推动东北亚地区的区域合作，共同应对国际经济的各种挑战。参与经济一体化进程，加强在区域性组织中的协调与合作，将有助于构建更加紧密的区域合作体系。通过加强区域性合作，中韩两国可以共同应对贸易保护主义、全球供应链的不确定性等问题，推动地区内的经济稳定和可持续发展。这样的区域合作还将为两国企业提供更广阔的市场和更多的合作机会，促进共同繁荣。

三、中国与俄罗斯经贸合作分析

（一）中俄经贸合作现状

1. 中俄贸易投资协议

2006 年 3 月 21 日，俄罗斯总统普京访华期间，两国政府共同签署了《关于启动中俄财长对话机制的谅解备忘录》，正式宣布建立中俄财长对话机制。为促进两国贸易发展，保护双边投资，共同营造良好的经济发展空间，中俄政府签订了多项经贸协定，涉及贸易、投资、税收、海关、知识产权等领域（见表 3-6）。

表 3-6　2006~2019 年中俄主要经贸合作协定

年份	协定名称
1990	《中苏政府贸易协定》
1992	《中俄政府间关于经济贸易关系的协定》
1998	《中俄政府间关于解决政府贷款债务的协定》
2000	《中俄政府间关于中华人民共和国公民在俄罗斯联邦和俄罗斯联邦公民在中华人民共和国的短期劳务协定》
2001	《中俄睦邻友好合作条约》
2006	《中俄政府间关于鼓励和相互保护投资的协定》
2009	《中俄投资合作规划纲要》
2014	《中俄关于全面战略协作伙伴关系新阶段的联合声明》
2014	《中华人民共和国政府和俄罗斯联邦政府对所得避免双重征税和防止偷漏税的协定》
2015	《关于修订〈中华人民共和国政府和俄罗斯联邦政府对所得避免双重征税和防止偷漏税的协定〉的议定书》
2018	《中华人民共和国与欧亚经济联盟经贸合作协定》
2018	《中俄远东地区合作发展规划（2018—2024 年）》

续表

年份	协定名称
2018	《中国东北地区和俄罗斯远东及贝加尔地区农业发展规划谅解备忘录》
2019	《关于促进双边贸易高质量发展的备忘录》
2022	《关于完成制定〈中俄货物贸易和服务贸易高质量发展的路线图〉的联合声明》
2022	《关于推动可持续（绿色）发展领域投资合作的谅解备忘录》

资料来源：中国驻俄罗斯大使馆经商处。

2. 中俄双边贸易

中俄互为最大邻国，又是全面战略协作伙伴，面对复杂的外部环境，中俄全方位务实合作保持良好发展势头。中俄两国经贸合作取得丰硕成果，中国连续13年稳居俄罗斯第一大贸易伙伴国地位。

中俄经贸主要经历三个发展阶段。

1992~2008年是起步阶段。根据中国海关总署数据，1992~2000年，俄罗斯经济大幅下滑，GDP总量累计下降40%，中俄两国贸易规模一直徘徊在50亿美元左右。2000年以来，俄罗斯经济恢复增长，至2007年GDP年均增幅达6.9%，为双边贸易发展创造了有利条件。2008年，中俄双边贸易额首次突破500亿美元，较1992年增长近10倍。

2009~2018年是加速发展阶段。为摆脱2008年全球金融危机的影响，中俄加速推进双边经贸合作。根据中国海关总署数据，2010~2014年，俄罗斯经济年均增速保持在4%以上，中国经济实现年均7%~10%的高速增长，两国经济快速发展推动双边贸易迅速攀升。2012年，中俄两国双边贸易额突破800亿美元，同比增长11.2%。2018年，中俄两国双边贸易额达到1070.57亿美元，同比增长27.31%，创历史新高。中俄双边贸易互补性进一步增强。

2019~2022年是高速增长阶段。根据中国海关总署数据，2021年，中国对俄罗斯出口同比增长33.6%至675.65亿美元，进口增长37.2%至793.22亿美元，中俄货物贸易额达1468.87亿美元，历史上首次突破1400亿美元大关，同比增长36.3%。2022年，中俄两国双边贸易额突破1900亿美元，同比增长29.54%，再创历史新高（见表3-7）。中国外贸进出口总值对俄罗斯贸易占比由2021年的2.4%增至2022年的3.3%，提升了0.9个百分点。中俄两国贸易互补性继续提升，能源占自俄罗斯进口产品的比重保持在 70% 以上，机电产品占俄罗斯出口产品的 59.6%，双边农产品贸易增长超过 40%，两国贸易结构持续优化。

表 3-7　2017~2022 年中俄进出口贸易量　　　　单位：亿美元,%

年份	进口额	出口额	进出口总额	总额增长率
2017	411.97	428.97	840.95	20.89
2018	590.82	479.75	1070.57	27.31
2019	610.53	497.42	1107.94	3.49
2020	571.81	505.85	1077.65	-2.73
2021	793.22	675.65	1468.87	36.30
2022	1141.49	761.23	1902.72	29.54

资料来源：中华人民共和国海关总署。

中俄贸易关系日益紧密。近年来，随着国际形势变化，中国与俄罗斯之间的贸易关系变得相对紧密，也为中国企业创造了更多机会。中国对俄出口的主要产品包括广播设备、电脑和家庭用品，从俄罗斯进口的主要产品是大宗商品和能源。2022 年 3 月初，苹果和三星停止了在俄罗斯的产品销售，中国的一些智能手机品牌则抓住了这个市场机遇。

3. 中俄双向投资

中俄两国能源合作快速推进。中俄两国全面战略协作伙伴关系进入新时代，中俄两国能源合作也面临新的机遇和挑战。从长期前景看，中俄两国能源合作还有极大潜力。一方面，俄罗斯对华天然气供应将继续增长。除中俄东线天然气管道逐步增加供应外，2022 年俄罗斯天然气工业公司与中石油签署了一份长期合同，通过远东路线每年出口 100 亿立方米天然气。《中华人民共和国和俄罗斯联邦关于深化新时代全面战略协作伙伴关系的联合声明》提出，双方将共同努力，推动新建中蒙俄天然气管道项目研究及磋商相关工作。按上述项目计算，未来中俄天然气贸易量有望达到每年 1000 亿立方米。另一方面，随着全球能源转型和中国"双碳"目标的实现，中俄两国在可再生能源、氢能、核能和能源清洁高效利用等方面也有很大合作空间。中俄两国在上海合作组织、金砖国家等多边框架下的能源合作正稳步推进。

当然，中俄两国能源合作目前也存在一些问题亟须解决。例如，中国提出的"上下游一体化"合作建议有待推进，俄罗斯营商环境有待进一步改善等。这需要两国政府和企业在平等互利的基础上，根据市场规则加以解决，从而为两国能源合作稳定发展提供更有利的条件。①

（二）中俄经贸合作展望

1. 中俄加强经贸合作意向强烈

中俄两国在经贸领域的合作日益加强，双方合作意向强烈。2022 年 2 月，国家主席习近平与普京举行会晤时，签署了 15 份合作协议，涵盖能源、机电化工等传统领域的合作，同时也涉及绿色低碳领域的合作，包括油气、化工、机电、农林、卫星导航、信息技术等 20 多个领域，总计 200 余项合作协议。这些协议将为促进中俄贸易高质量发展提供强大的助力和保障。随后，双方还签署了"经认证的经营者"互认安排，这将进一步提升两国贸易的便利化水平。

这些协议的签署不仅体现了中俄两国在经贸领域的紧密合作，也预示着双方在推动贸易高质量发展、促进欧亚地区繁荣与稳定方面的强烈意愿。中俄双方将继续加强经贸、能源、农业、科技等领域的合作，以实现互利共赢的目标，为两国经济的持续发展和地区的繁荣稳定做出贡献。

2. 中俄能源合作潜力大

国际能源供应格局发生重大变化，但中俄能源合作保持相对稳定。根据中国海关总署数据，2022 年，俄罗斯对中国出口石油 8625 万吨、管道天然气 155 亿立方米、液化天然气 650 万吨、煤炭 6407 万吨，均创历史新高。俄罗斯成为中国第二大石油、管道天然气、煤炭进口来源国。中国市场的巨大容量和贸易灵活性消纳了很大一部分俄罗斯能源，保证了大型能源合作项目的稳定推进。此外，中俄还启动了能源贸易的本币结算。通过本币结算，既可以降低俄罗斯受美欧制裁带来的金融风险，也有助于提高人民币国际化水平。

---

① 推动中俄经贸合作量质并进 ［EB/OL］. 中国经济网，［2023 - 04 - 03］，http：//www. ce. cn/xwzx/gnsz/gdxw/202304/03/t20230403_38476542. shtml.

四、中国与蒙古国经贸合作分析

（一）中蒙经贸合作现状

1. 中蒙贸易投资协议

1989 年 3 月，中蒙两国政府签订了《关于成立中蒙经济、贸易和科技合作委员会协定》。1994 年，中蒙两国政府签订了《中蒙友好合作关系条约》。2013 年，中蒙两国政府签订了《中蒙战略伙伴关系中长期发展纲要》，明确了两国的战略伙伴关系。2017 年 5 月，中蒙两国签署了《关于启动两国自由贸易协定联合可行性研究的谅解备忘录》，宣布启动自贸协定可行性联合研究，正式开启双边自贸区建设进程。2021 年 1 月 1 日，中蒙两国相互实施《亚太贸易协定》关税减让安排。近年来，中蒙两国签订的主要经贸合作协定如表 3-8 所示。

表 3-8　1989~2019 年中蒙主要经贸合作协定

年份	协定名称
1989	《中华人民共和国政府和蒙古人民共和国政府关于成立中蒙经济、贸易和科技合作委员会协定》
1994	《中蒙友好合作关系条约》
2003	《中华人民共和国政府和蒙古国政府经济技术合作协定》
1991	《关于鼓励和相互保护投资协定》
1991	《中蒙两国政府关于对所得避免双重征税和防止偷漏税的协定》
2004	《中华人民共和国政府和蒙古国政府关于中蒙边境口岸及其管理制度的协定》
2011	《中蒙关于建立战略伙伴关系的联合声明》
2013	《中蒙战略伙伴关系中长期发展纲要》
2014	《中华人民共和国与蒙古国关于建立和发展全面战略伙伴关系的联合声明》
2015	《中蒙关于深化发展全面战略伙伴关系的共同声明》
2017	《中华人民共和国教育部与蒙古国教育文化科学体育部 2018~2021 年教育交流与合作执行计划》
2019	《中华人民共和国政府和蒙古国政府关于建设中国蒙古二连浩特—扎门乌德经济合作区的协议》

资料来源：中国外交部。

2. 中蒙双边贸易

中蒙两国经贸关系十分密切，中国已连续 18 年是蒙古国第一大投资来源国和贸易伙伴国，中蒙两国贸易总额占蒙古国对外贸易总额的 60%以上。根据中国海关总署数据，中蒙两国进出口贸易额在近几年呈现出波动增长的趋势。具体而言，2017~2022 年，中蒙两国进出口总额在逐年增长，但增长率有所起伏。其中，2017 年和 2021 年的增长率较高，分别为 38.20%和 37.63%，而 2019 年的增长率则较低，仅为 2.11%。2020 年，受新冠疫情等因素的影响，中蒙两国进出口总额出现了下降，增长率为−18.75%。然而，在 2021 年和 2022 年，中蒙两国进出口总额又呈现出了较快的增长势头，增长率分别为 37.63%和 34.04%（见表 3-9）。中蒙两国进出口贸易额在近几年经历了一定的波动，但总体上仍然保持着增长的趋势。这表明中蒙两国在贸易往来方面的合作不断加强，也预示着未来两国在经贸领域的合作具有广阔的发展前景。

表 3-9　2017~2022 年中蒙两国进出口贸易量　　　单位：亿美元,%

年份	进口额	出口额	进出口总额	总额增长率
2017	51.18	12.48	63.66	38.20
2018	63.42	16.45	79.87	25.46
2019	63.29	18.27	81.56	2.11
2020	50.09	16.17	66.27	−18.75
2021	68.85	22.35	91.20	37.63
2022	93.37	28.87	122.25	34.04

资料来源：中华人民共和国海关总署。

另外，中蒙两国进出口贸易中，进口额和出口额均有所增长。具体而言，进口额从 2017 年的 51.18 亿美元增长到 2022 年的 93.37 亿美元，增长率约为 71.30%。出口额从 2017 年的 12.48 亿美元增长到 2022 年的 28.87 亿美元，增长率约为 132.88%。中蒙两国进出口贸易中，进口和出口均呈现出增长的趋势。这表明中蒙两国在贸易往来方面的合作不断加强，不仅在进口方面有所增长，在出口方面也取得了较大进展。

3. 中蒙两国双向投资

中蒙两国双向投资在近年来持续增长。根据中国商务部的统计，2020 年，中国对蒙古国的直接投资流量达到了 7000 万美元，直接投资存量达到了 51.6 亿美元。这些投资主要分布在矿产、能源、建筑、金融、畜产品加工、餐饮服务等行业。2021 年，中国企业对蒙古国的非金融类直接投资流量为 8633 万美元，同比下降了 43.2%。然而，中国企业在蒙古国新签的工程承包合同额为 38.2 亿美元，同比增长了 59.7%；完成的营业额为 10 亿美元，同比增长了 59.3%。此外，根据中国商务部的统计，2021 年中国对蒙古国的直接投资流量为 2468 万美元，直接投资存量为 15.7 亿美元。

中国对蒙古国投资主要集中在矿产勘探开发、能源、建筑建材、旅游、餐饮服务、畜产品加工和纺织服装等，其中矿产勘探开发投资额占比巨大。主要从事矿产勘探和开发的大型国有企业，集中分布在中蒙边境地区。尽管中国对蒙古的投资带动了蒙古国经济的增长，但中蒙两国经济发展水平相差较大，蒙古国的对外开放政策尚未成熟，在资源战略上的认识也存在差异。例如，蒙古国经营能力尚未成熟、为安全考虑修改合作协议的频次相对较高、相互间信任度不高，因此效率也很低，而中国方面担心投资风险，会持续减小对蒙投资。

（二）中蒙经贸合作展望

1. 中蒙经贸合作将进一步强化

2022 年 2 月，蒙古国总理奥云额尔登访华期间，双方就深入推进全球发展倡议、共建"一带一路"倡议与蒙古国"远景 -2050"长期发展政策、"新复兴政策"对接，扩大诸多领域合作达成重要共识。当前，蒙古国推行的"新复兴政策"为与中国加强互联互通创造了条件，在公布的铁路网 6 个主要项目中有 5 个项目是与中国边境口岸相连接项目；公路项目中，14 个主要项目中有 7 个与中国边境口岸相连接项目。目前，中蒙有 13 个贸易口岸，主要承担煤炭、铁矿石和铜精矿进出口业务。2022 年 2 月，中蒙两国敲定了 3 个主要铁路建设项目的蒙中过境点，这三条铁路项目连接了中蒙矿产丰富的南部戈壁。这三条铁路的建成将极大提高向中国的煤炭运力，据预测，新铁路使用后，2025~2028 年蒙古国至中国的出口额将增至 140~170 亿美元，至 2029 年增至 200 亿美元。这将改变中国与澳大利亚之间的炼焦煤贸易现状。

2. 中蒙经贸合作潜力巨大

如图3-3所示，2005~2020年，中国始终是蒙古国的最大贸易伙伴，这与两国的地缘位置接壤、产业结构互补性高和经济发展模式有关。最近受全球通胀、蒙古国国内经济恶化等因素影响，蒙古国加强与中国经贸关系非常重要。当前，为顺应全球区域经济一体化新趋势与国际战略新格局的客观要求，中国正积极推动自贸区建设进程，蒙古国亦有建设自由贸易区的意向。2017年5月12日，中蒙两国签署了《关于启动中国—蒙古自由贸易协定联合可行性研究的谅解备忘录》。[①] 2018年8月23日，中蒙两国正式启动自由贸易协定联合可行性研究。目前，中蒙自贸协定联合可行性研究已举行两次会议，双方就各领域重点关注、经济影响分析及下一步工作安排等深入交换了意见，为尽快完成联合研究报告奠定了良好基础。可以预见，随着两国在贸易、投资、金融、矿产能源、互联互通、基础设施、数字经济、绿色发展等领域的深度合作，中蒙全面战略伙伴关系必将更加牢固，中蒙FTA谈判较其他的双边谈判会更加顺利。

中国参与蒙古国的基础设施建设项目，包括公路、铁路、能源项目等，有助于促进双方的经济合作，推动中蒙之间的贸易流通。公路建设方面，中国参与了蒙古国多条高速公路和主干道的建设。这些公路项目的建成，不仅提高了蒙古国的交通便利性，也为中蒙之间的贸易和人员往来提供了更加便捷的通道。铁路建设方面，中国与蒙古国合作建设了多条重要的铁路线路。这些铁路项目的建成，不仅提高了蒙古国的交通运输效率，也为中蒙之间的贸易和物流运输提供了更加快捷的通道。能源项目方面，中国积极参与蒙古国的能源基础设施建设。中国企业承建了蒙古国多个大型煤矿和油气田的开发项目，为蒙古国的能源开发和利用提供了有力的支持。共同投资和合作推动基础设施建设，不仅有助于提高蒙古国的物流和交通便利性，还有利于中蒙之间更加顺畅的贸易流通。中蒙两国之间的经济联系和友好合作关系，为双方未来的发展奠定了坚实的基础。

未来，随着中蒙两国经济的不断发展和基础设施建设的不断推进，双方在基

---

① 中国与蒙古启动自贸协定联合可行性研究 [EB/OL]. 中华人民共和国商务部，[2017-06-12]，http：//chinawto. mofcom. gov. cn/article/e/s/201706/20170602590778. shtml.

础设施建设领域的合作前景将更加广阔。中蒙双方将继续加强合作，共同推动基础设施建设的快速发展，为中蒙之间的经济合作和贸易流通提供更加有力的支持。

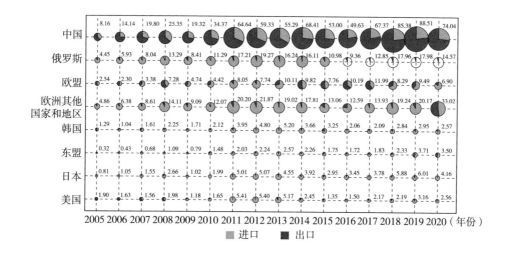

图3-3 2005~2020年蒙古国对主要国家及地区的贸易额对比

注：欧洲其他国家和地区指除欧盟和俄罗斯以外的欧洲国家，包含白俄罗斯、列支敦士登、摩尔多瓦、摩纳哥、挪威、塞尔维亚、黑山、土耳其、乌克兰、克罗地亚、瑞士等。

资料来源：蒙古国统计情报局。

五、中国与朝鲜经贸合作分析

（一）中朝经贸合作现状

1. 中朝贸易投资协议

中朝两国于1949年10月6日建交，朝鲜是同新中国最早建交的国家之一，一直以来，中朝两国保持传统友好合作关系，在文化、教育、科技、体育等各个领域保持交流与合作。多年来，中朝两国已签订了友好合作互助条约、通商航海协定、航空运输协定、领事协定等多项条约和协定。两国签订的主要双边协定如表 3-10 所示。

表 3-10　中朝主要合作协定

年份	协定名称
1953	《中朝经济文化合作协定》
1959	《中朝航空运输协定》
1959	《中朝文化合作协定》
1961	《中朝友好合作互助条约》
1985	《中朝领事条约》

资料来源：中国驻朝大使馆。

2. 中朝双边贸易

中国海关总署公布的数据显示，2019 年中朝贸易额 27.89 亿美元。其中，中国向朝鲜出口 25.74 亿美元；进口 2.15 亿美元。但是，2020 年全年，中朝之间的贸易额比 2019 年骤减 80.67%，仅有 5.39 亿美元（约合 38 亿元人民币）。其中，中国出口至朝鲜的金额大减 80.2%，只有 4.91 亿美元（约合 35 亿元人民币），自朝鲜进口的金额则减少了 77.69%，大约为 0.48 亿美元（约合 3 亿元人民币）。2021 年，中朝贸易额 3.18 亿美元，同比下降 41.0%，其中，中国对朝鲜出口商品总值为 2.60 亿美元，同比下降 46.9%；中国自朝鲜进口商品总值为 0.58 亿美元，同比增长 20%。2022 年，中朝贸易额 10.28 亿美元，同比增长 223.14%。其中，中国向朝鲜出口 8.94 亿美元，自朝鲜进口 1.34 亿美元（见表 3-11）。

表 3-11　2017~2022 年中朝进出口贸易额　　　　单位：亿美元，%

年份	进口额	出口额	进出口总额	总额增长率
2017	17.23	33.32	50.55	-5.91
2018	2.13	22.18	24.31	-51.91
2019	2.15	25.74	27.89	14.74
2020	0.48	4.91	5.39	-80.67

续表

年份	进口额	出口额	进出口总额	总额增长率
2021	0.58	2.60	3.18	-41.00
2022	1.34	8.94	10.28	223.14

资料来源：中华人民共和国海关总署。

2022 年第一季度，中国向朝鲜出口主要以粮油食品和建材、药品等商品为主，因联合国制裁限制，朝鲜主要外汇出口品类矿产资源、农水产品等仍无法正常出口，因此对中国出口虽然增幅较高，但额度仍然不大。据中国海关总署统计数据，2023 年 1~3 月，中朝贸易额为 4.859 亿美元，较 2022 年同期增长 147.6%。其中，1~3 月，朝鲜自中国进口额约 4.384 亿美元，同比增长 153.8%。

（二）中朝经贸合作特点及展望

1. 中朝经贸合作特点

重点商品：中朝贸易主要涉及资源类产品、农产品和一些轻工业品。朝鲜出口主要包括煤炭、矿产品、鱼类、贝类、纺织品等；而中方出口主要包括石油、机械设备、电子产品、化工品等。

不平衡贸易：中朝贸易存在着明显的不平衡，以中国对朝鲜的出口为主。朝鲜对中国的依赖程度较高，而中国对朝鲜的依赖相对较低。

资源依赖：朝鲜拥有丰富的矿产资源，其中煤炭是主要的出口商品之一。中国是朝鲜最大的煤炭进口国之一，因此中朝贸易在一定程度上受到资源需求和供应的影响。

政治因素：中朝贸易受到政治因素的较大影响。由于国际社会对朝鲜的制裁，一些商品的贸易受到了限制。政治关系的波动也可能对贸易造成不确定性。

边境贸易：中朝之间的边境贸易活动主要集中在中国和朝鲜的边境地区。这种贸易多以小规模、个体经营的形式存在，涉及的商品以日用品、农产品和轻工业品为主。

2. 中朝经贸合作未来发展动向

中朝贸易大幅回升。新冠疫情致中朝边境封锁，2020~2021 年中朝贸易大幅锐减，但是 2022 年中朝贸易开始反弹，达到 10.28 亿美元。① 韩国统一部数据显示，从 2023 年初至 4 月份，中朝贸易总额为 6.9 亿美元，已经达到 2019 年同期的 91%。② 中国海关总署报告显示，2023 年 4 月，中国向朝鲜的出口货物总量飙升了 69%，达 1.66 亿美元。出口量最大的商品是假发和假发制作中使用的羊毛，其金额约 1160 万美元，排在假发之后的商品是用途广泛的化肥磷酸氢二铵，总额为 884 万美元。朝鲜对中国的出口也出现了大幅度增长，达到 3420 万美元，大幅超过了 2022 年的水平，且达到五年来的最高点。中朝贸易总额的回升也预示着朝鲜经济形势向好，因为在朝鲜的对外贸易中，与中国之间的占比最高。

---

① 资料来源：中华人民共和国海关总署。

② 中朝贸易快速恢复，朝鲜机场也有新动向，韩国人看在眼里心情复杂 [EB/OL]. 网易新闻，[2023-05-25]，https://www.163.com/dy/article/I5J7N2S805561427.html.

第四章

东北亚经贸融合
——基于"一带一路"倡议

　　面对反全球化的声浪，中国作为具有责任感的大国，肩负着推动全球经济繁荣和各国和平发展的使命。我国提出的"一带一路"构想，为世界经济合作的深化开启了新契机。"一带一路"构想不仅给东北亚地区的发展带来了无限可能，也为当前反全球化趋势下的东北亚地区经贸合作注入了新活力，构筑了一个互惠互利、包容共享的合作氛围，成为维护东北亚地区经济合作稳定发展的关键因素。

一、"一带一路"倡议现状

　　在第十三届全国人民代表大会第一次会议闭幕式上，习近平主席明确表示中国将继续积极推进"一带一路"建设，与世界各国加强交流合作，让中国的改革发展成果惠及全球。这标志着"一带一路"倡议进入了新的五年阶段。尽管作为构建全球命运共同体的重大实践，中国提出"一带一路"倡议以来取得了丰硕成果，但我们仍然要清醒地认识到，"一带一路"倡议目前仍然面临着许多困难和挑战，需要着力予以应对和解决。

（一）"一带一路"倡议的发展情况

中国的改革开放和"一带一路"倡议对东北亚地区产生了深远影响。改革开放使中国在短时间内崛起为全球经济的重要参与者，而"一带一路"倡议更是在国际合作中发挥了巨大作用。自改革开放以来，中国的综合实力迅速提升，经济持续增长，科技创新不断发展，使得中国成为全球经济的引擎之一。这种崛起对东北亚地区产生了积极的溢出效应，吸引了大量的投资和合作机会。中国通过加强与东北亚国家的贸易合作，共同推动了地区内的繁荣发展。"一带一路"倡议更是中国推动全球合作、加强区域联系的战略构想。"一带一路"倡议致力于加强共建国家之间的经济合作，提升基础设施建设水平，推动贸易畅通。

1. 参与国家不断扩大，互联互通成果不断

"一带一路"倡议的影响力和参与国家数量不断扩大，各国之间的互联互通成果日益显著。当前，中国已与 151 个国家和 32 个国际组织签署了 200 多份合作文件，表明该倡议在全球范围内的广泛认可和参与。① 这些合作文件的签署不仅体现了各国对"一带一路"倡议的积极响应和信任，也为其未来的发展奠定了坚实的基础。"一带一路"倡议不断扩大合作范围，战略规划对接日益深化。共建"一带一路"已先后写入联合国、二十国集团、亚太经合组织、上海合作组织等多边机制成果文件，且在全球治理中拥有重要地位和影响力。

在基础设施互联互通方面，"六廊六路多国多港"的互联互通架构基本形成，大批基础设施合作项目落地生根。中老铁路实现全线开通运营，客货运输量稳步增长；匈塞铁路塞尔维亚境内贝诺段顺利通车，雅万高铁最长隧道实现全隧贯通，瓜达尔港成为区域物流枢纽和临港产业基地。中欧班列开辟了亚欧陆路运输新通道，截至 2022 年 5 月，中欧班列累计开行 55493 列，运送货物 480 万标箱，为保障国际供应链产业链稳定畅通提供了强有力支撑，特别是疫情防控期间货运量逆势增长展现出较强发展韧性，成为共建"一带一路"的旗舰项目和明

---

① 一带一路中国贡献（环球大视野）［EB/OL］．人民网，［2022-10-21］，http：//world. people. com. cn/n1/2022/1021/c1002-32548850. html.

星品牌。① 这些基础设施合作项目的成功实施，为国际供应链和产业链的畅通提供了强有力的支持。在区域经济一体化方面，俄罗斯、蒙古国等国家的参与不断加强，在能源、基础设施建设、贸易和投资领域的合作不断深化，为区域经济一体化注入了新的动力。尤其在俄罗斯的远东地区，经济增长明显，为中俄东北—远东经贸合作提供了广阔的发展空间。蒙古国也积极参与"一带一路"倡议，合作领域涵盖能源、基础设施建设、交通、农业等多个领域。中蒙俄经济走廊项目的推进，将进一步加强三国之间的互联互通和经济合作。

总的来说，"一带一路"倡议以其广泛的影响力和不断扩大的合作成果，为世界经济的繁荣稳定做出了积极贡献。通过加强各国之间的互联互通和经济合作，为全球经济治理提供了新的思路和实践经验。"一带一路"倡议将在未来的发展中继续发挥重要作用，为构建人类命运共同体贡献更多的智慧和力量。

2. 经贸合作深入发展，新兴领域合作不断拓展

共建"一带一路"的国际市场不断拓展，截至 2022 年 5 月，中国与共建"一带一路"国家货物贸易额累计约 11.8 万亿美元，中国对共建国家非金融类直接投资超过 1400 亿美元。② 2022 年上半年，我国与共建"一带一路"国家货物贸易额达 6.3 万亿元，同比增长 17.8%，占比提高到 31.9%。同时，中国对共建国家的非金融类直接投资达 650.3 亿元，增长 4.9%，占比提高到 18.5%。共建国家对中国实际投资达 452.5 亿元，增长 10.6%。③ 这些数据表明，"一带一路"倡议的经贸合作持续增长，为中国和共建国家的经济发展注入了新的动力。

除了传统的经贸领域合作外，"一带一路"倡议还不断拓展新兴合作领域。数字与创新国际合作成为亮点，中国积极参与全球抗疫协作，与共建国家开展疫苗生产合作，为弥合"免疫鸿沟"作出积极贡献。同时，中国还践行绿色发展理念，印发实施了《关于推进共建"一带一路"绿色发展的意见》等政策文件。这些新兴领域的合作拓展了"一带一路"倡议的合作范围和深度，为未来的发

① 国家发展改革委：将全力支持香港深度参与共建"一带一路" [EB/OL]. 中国一带一路网，[2022-06-28]，https：//www.yidaiyilu.gov.cn/xwzx/bwdt/256842.htm.

② 中国与"一带一路"沿线国家货物贸易额累计约 11.8 万亿美元 [EB/OL]. 中国新闻网，[2022-06-28]，https：//www.chinanews.com.cn/cj/2022/06-28/9790525.shtml.

③ 冯其予．我国与"一带一路"沿线国家上半年货物贸易额达 6.3 万亿元 [N/OL]. 经济日报，[2022-07-30]，http：//paper.ce.cn/pc/content/202207/30/content_258351.html.

展提供了更广阔的空间。

总的来说，"一带一路"倡议的经贸合作深入发展，新兴领域的合作不断拓展，为中国和共建国家的经济发展带来了新机遇和新挑战。通过加强合作，共建"一带一路"的国际市场不断拓展，贸易与投资自由化便利化水平持续提升，数字经济与创新国际合作亮点纷呈，为构建人类命运共同体贡献更多的智慧和力量。

3. 多元化投融资体系不断完善

"一带一路"倡议的多元化投融资体系不断完善，投融资渠道不断拓宽。国内金融机构如中国建设银行、中国进出口银行等成为"一带一路"项目的主要资金提供者。这些机构通过传统的贷款方式，为项目提供雄厚的资金支持，推动了一系列基础设施建设。亚洲基础设施投资银行（AIIB）等多边金融机构的积极介入，为"一带一路"倡议注入了更多国际化的资金来源。这不仅提高了项目的国际知名度，还拓宽了融资的国际渠道。债券融资成为多国融资的另一途径。通过发行债券，一些共建国家吸引了国际投资者的关注，这为项目提供了更为灵活的融资方式，同时也推动了债券市场的发展。此外，股权投资在"一带一路"项目中占有重要地位。企业通过股权投资方式参与项目，分享风险与回报，推动更多的市场主体参与到项目建设中。多边合作和区域合作金融机制的建设也为"一带一路"提供了坚实支持。各国通过联合基金、共同出资等形式，实现共同投融资，共同分担风险，提高了项目的可持续性。

4. 人文交流合作不断扩大

人文交流合作在"一带一路"倡议下日益扩大，形成了多元化、互动性强的交流格局。在这个过程中，"鲁班工坊"等十多个文化交流和教育合作品牌逐渐崭露头角。同时，丝绸之路国际剧院、博物馆、艺术节、图书馆和美术馆联盟以及"一带一路"国际科学组织联盟等都展现出了良好的运行状态，这些平台有力地推动了不同文化间的交流、理解和认同。① 除此之外，"一带一路"倡议还促进了各种形式的人文交流，包括艺术展览、文艺表演、学术研讨等。这些活动不仅增进了各国人民之间的友谊，也推动了世界文化的多元化发展。特别是青

---

① 熊颖琪. "一带一路"倡议提出八年多来总体进展如何？国家发改委回应［EB/OL］. 北青网，［2022-06-28］，https：//www.163.com/dy/article/HAV1O4HA0514R9KQ.html.

年交流日益频繁，为共建"一带一路"国家的人文交流注入了新的活力。

总的来说，"一带一路"倡议下的人文交流合作已经形成了全面、多层次的交流体系，涵盖文化交流、教育合作、科学研究等多个领域，为增进各国人民之间的理解和友谊、推动世界文化的繁荣发展做出了积极的贡献。

（二）"一带一路"倡议在东北亚区域面临的机遇与挑战①

1. "一带一路"倡议实施中面临的主要机遇

"一带一路"倡议是一项具有时代意义的宏伟蓝图构想，其建设过程涉及众多国家和地区，涉及多种产业和生产要素的配置流动，为相关国家和地区的发展带来了重要机遇。

"一带一路"倡议在东北亚区域面临以下四种机遇：

一是基础设施建设。东北亚地区的国家包括中国、俄罗斯、蒙古等，拥有广阔的土地和资源。通过"一带一路"倡议的推动，可以加强基础设施建设，包括交通网络、能源管道、港口建设等，提高区域内各国之间的连通性和合作水平，这将有助于促进贸易和经济发展，提高区域整体竞争力。

二是贸易和投资机会。东北亚地区的国家在经济上具有互补性，相互间存在广阔的贸易和投资机会。通过"一带一路"倡议，可以进一步推动跨国贸易和投资合作，降低贸易壁垒，提升贸易便利化水平，这将为区域内的企业提供更多发展机会，促进产业升级和经济增长。

三是人文交流与合作。东北亚地区拥有丰富的历史文化和人文资源，通过"一带一路"倡议的推动，可以促进人员交流、学术合作、文化交流等领域的合作。这将有助于增进各国之间的相互了解与友谊，推动共同发展。

四是区域合作平台。东北亚地区的国家通过参与"一带一路"倡议，可以在区域合作平台上进行更深入的沟通和合作。通过定期的高层会议、经贸洽谈、政策协调等形式，各国可以加强合作，解决共同面临的问题，推动区域稳定与发展。

---

① 秦娜. "一带一路"倡议下区域经济面临的发展机遇与挑战 [J]. 科技经济市场，2022（12）：36-38.

总的来说，"一带一路"倡议所蕴藏的巨大经济体量与发展机遇不言而喻，对共建国家和地区的经济、社会等各领域的发展具有难以想象的推动和促进作用。"一带一路"倡议为东北亚地区带来了许多机遇，促进了区域内各国之间的合作与发展。通过加强基础设施建设、扩大贸易和投资、加强人文交流与合作，东北亚地区可以实现经济互利共赢、人文交流互鉴的良好局面。然而，这需要各国共同努力，处理好合作中的问题和挑战，确保"一带一路"倡议的顺利推进和实施。

2. "一带一路"倡议实施中面临的主要挑战

地缘政治因素：东北亚地区地缘政治因素非常复杂，存在各种历史遗留问题和领土争端，这些问题可能会导致地区关系紧张和不稳定，阻碍"一带一路"倡议的实施。此外，这些问题还容易导致地区政治紧张，引发安全风险，给"一带一路"倡议的实施带来不确定性。

一是经济风险。首先，东北亚地区的经济环境复杂多变，存在着较高的经济风险。例如，东北亚国家之间的经济竞争和贸易摩擦、不同国家之间的货币政策和汇率变化、金融市场的不稳定性等。其次，全球经济下行风险增强，市场需求降低。在后疫情时代，各类"经济脱钩论"兴起，世界经济复苏动力仍有待观察。这些因素可能对"一带一路"倡议的实施造成负面影响。

二是文化和语言差异。东北亚地区的文化和语言具有多样性，不同国家之间存在着较大的文化和语言差异。这可能给"一带一路"倡议的实施带来沟通和理解上的障碍，增加项目实施的复杂度和难度。

三是环境和社会问题。东北亚地区的环境和社会问题较为突出，例如，能源和资源的紧缺、气候变化和环境污染、社会不稳定和民生问题等。这些问题可能对"一带一路"倡议的实施产生负面影响，需要采取相应的措施和策略进行解决。

四是政策协调。东北亚六国之间的政策协调相对较为困难，因为不同国家的发展模式、制度和文化等方面的差异，可能会影响项目的实施。同时，各国政策的变化和调整也可能对"一带一路"倡议的实施带来影响和不确定性。

东北亚地区合作既有机遇，也存在风险。历史遗留问题、半岛问题、发展不均衡、民族矛盾和边界冲突等问题仍然存在，这些问题不仅会影响东北亚地区国家共同抵御外部风险的能力，还可能影响区域合作的基石。尽管中日韩三国之间存在民族文化差异，但也有深刻的文化认同基础，这是东北亚地区合作发展的关键。在"一带一路"框架下，可以以构建人类命运共同体为理念，通过加强人文领域的交流和理解，提升文化认同感。这将为东北亚地区的经济发展提供新的可能性和机遇，推动整个区域的繁荣和稳定。

二、"一带一路"倡议与东北亚国家经贸融合

（一）"一带一路"倡议助推东北亚国家经贸合作

"一带一路"倡议对东北亚国家的经贸合作产生了积极的推动作用，为东北亚国家提供了新的发展机遇，促进了区域内经济合作的深入发展。

1. 加强东北亚区域经济发展战略的对接合作

"一带一路"倡议在东北亚地区的发展中，逐步深化并推动了区域经济发展战略的对接合作。在经济合作方面，各国通过"一带一路"倡议加强了多层次的合作机制，签署了众多双边和多边合作文件，为区域内的贸易和投资创造了更加有利的环境。这不仅促进了跨境交易的便利性，还推动了跨国投资的增长，为整个地区的经济融合奠定了基础。在基础设施方面，"一带一路"倡议通过大规模的建设项目，如铁路、公路和能源基础设施，深化了东北亚各国之间的互联互通。中俄蒙经济走廊等战略性项目的推进，加强了这一地区的物流链，提高了贸易的效率，也为未来的产业合作奠定了基础。这一互联互通努力形成了"六廊六路多国多港"的全方位互通架构。区域价值链的升级是另一个显著特点。各国在共建"一带一路"的框架下更深入地融入全球产业链，共同参与高附加值的生产和供应链，实现了互利共赢。这进一步提升了整个地区的产业水平，使其更具竞争力。在能源方面，通过"一带一路"倡议，东北亚地区各国的能源合作更加协调。促使共建国家在天然气和石油等资源的共同开发和供应上形成更紧密的合作关系，确保了能源的稳定供应，有力地推动了能源互联互通。此外，东北亚

地区内的国家在战略层面的对接越发紧密，共同应对气候变化等全球性挑战。在人文层面，倡导加深教育、文化和旅游等领域的合作，有助于增进各国人民之间的相互了解，加强友好关系。综上，通过"一带一路"倡议，东北亚地区取得了全方位的发展机遇，实现了区域间多元合作，为整个地区带来了更加繁荣和稳定的未来。

2. 推进东北亚自贸区构建

"一带一路"倡议的推进不仅加强了东北亚地区的经济合作，更为东北亚自贸区的构建注入了强大的动力。"一带一路"倡议通过多种方式，在贸易、投资、基础设施、金融和人文等领域深化了合作，推动了东北亚自贸区的全面发展。

首先，"一带一路"促进了贸易便利化，通过优化跨境基础设施、降低贸易壁垒和简化海关流程，使得东北亚地区的内外贸易变得更加便捷，从而加速了东北亚自贸区的贸易自由化和便利化进程。其次，"一带一路"倡议强调了区域互联互通的重要性，在交通和数字互联方面做出了显著贡献，不仅提升了东北亚自贸区的数字化水平，还推动了信息、资金和人员的高效流通，进一步加强了东北亚地区的经济联系。再次，"一带一路"倡议促进了投资合作和产业协同发展。通过吸引国际投资和参与共建产业园区，推动了东北亚地区的产业升级和结构优化，同时也促进了产业链的深度融合，提升了整个自贸区的产业竞争力。在金融领域，"一带一路"倡议推动了金融机构在东北亚自贸区的布局，加强了跨境金融服务的合作，提升了自贸区的金融创新水平并满足了企业的融资需求。最后，"一带一路"倡议还注重人文交流和可持续发展的理念。通过加强文化、教育和旅游等领域的合作，增进了区域内人民的相互了解，推动了人员流动和交流。

3. 加速图们江次经济区域建设

在东北亚地区，经济合作主要以多边互动模式为主，但由于多边合作开展较为缓慢，基础设施相对薄弱，这对中国作为区域内负责任大国在引领全球经济全球化方面提出了挑战。为确保中国在推动全球化进程中的领导地位，中国需要区域内多边贸易合作的支持。在这个背景下，"一带一路"倡议成为促进东北亚区域内经济发展的关键保障。以图们江区域为例，这一地区连接了中俄朝三国，也是中国与日本海最近的航线。在"一带一路"倡议的推动下，图们江次区域经济合作迎来了新机遇。各国通过"一带一路"倡议的发展契机，推动了图们江次区域经济合作机制的深化，形成了稳定、持续的正反馈效应。在"一带一路"框架下，图们江次经济区域加大了基础设施建设的力度。通过共建交通、能源、通信等基础设施，提高了区域内各国之间互联互通的水平，降低了交通成本，促进了区域内贸易的便利化。

（二）"一带一路"倡议助推东北亚国家基础设施联通①

在 2014 年的"加强互联互通伙伴关系"东道主伙伴对话会上，习近平主席首次提出了"五通"策略，为"一带一路"倡议的建设指明了方向和路径。作为"一带一路"框架下中蒙俄经济走廊的起点和支撑，东北亚地区是该倡议的关键地区之一，也是东北亚经济最为繁荣的地带，六个国家的总 GDP 接近全球总量的四分之一。自 2013 年"一带一路"倡议提出以来，东北亚边境地区焕发出新活力，尤其是在 2018 年朝鲜半岛局势缓和后，边境地区的合作状况总体向好，成为"一带一路"在东北亚区域的新增长点。因此，在东北亚区域加速推进互联互通建设对于"一带一路"的整体推进至关重要，同时也有助于加快东北亚经济的融合。

设施联通是互联互通的基石，也是"一带一路"建设的重中之重，其目标是加强基础设施建设，促进交通、运输、电力、通信等领域的互联互通，促进区域内贸易和投资的便利化。目前，"一带一路"框架下的"六廊六路多国多港"的互联互通架构已经初具雏形：中蒙俄、新亚欧大陆桥、中国—中亚—西亚、中国—中南半岛、中巴和孟中印缅六大经济走廊在建立和加强各国互联互通伙伴关系、畅通亚欧大市场方面发挥了关键作用。标志性项目如中老铁路、雅万高铁、中泰铁路、中俄黑河大桥等也在稳步推进。中欧班列作为亚欧陆路运输的新通道，截至 2022 年底已经累计开行超过 6 万列，通达欧洲 23 个国家 180 个城市。2016~2021 年，中欧班列的年运输货值从 80 亿美元增长至 749 亿美元，在中欧贸易总额中的占比也从 1.5% 上升到 8%。

---

① 国家发改委："一带一路"取得了实打实、沉甸甸的成就［EB/OL］. 中国发展网，［2022-06-28］，http：//www. chinadevelopment. com. cn/fgw/2022/06/1784633. shtml；"一带一路"中国贡献（环球大视野）［EB/OL］. 人民网，［2022-10-21］，http：//world. people. com. cn/n1/2022/1021/c1002-32548850. html.

"一带一路"倡议的推动可以加强基础设施建设,包括交通网络、能源管道、港口建设等,提高区域内各国之间的连通性和合作水平。这将有助于促进贸易和经济发展,提高区域整体竞争力。例如:辽宁省的丹东市是中朝边境合作的重点地区,与朝鲜的新义州开展了大量的贸易合作。当前,丹东共有 10 处口岸,囊括了河运、铁路、公路、航运以及管线 5 类。丹东依托新建的中朝鸭绿江公路大桥,设置了新区国门湾互市贸易点。丹东港是东北沿边地区对外开放的关键,可以使中朝成为韩国、日本、俄罗斯等国的贸易交互通道,以此开展海陆联运,建立贸易往来与来料加工的重要合作区域。

(三)"一带一路"倡议与 RCEP 推动东北亚国家经贸发展[①]

"一带一路"是中国提出的重要倡议,旨在促进共建国家之间的经济合作和互联互通。"一带一路"包括"丝绸之路经济带"和"21 世纪海上丝绸之路",涵盖亚洲、欧洲、非洲等多个地区。"一带一路"倡议提出了一系列的基础设施建设、贸易和投资便利化、金融合作等方面的合作倡议,旨在促进共建国家之间的互利共赢。RCEP 于 2012 年由东盟发起,历时八年,由包括东盟十国以及中国、日本、韩国、澳大利亚、新西兰等 15 个成员国共同制定。RCEP 的目标是推动成员国之间的贸易自由化和投资便利化,促进区域内的经济一体化和贸易自由化进程。大多数 RCEP 成员国同时也是"21 世纪海上丝绸之路"的重要节点国家。共建"一带一路"倡议的成功推进为这些国家取得了累累硕果,释放了积极效应,在很大程度上促进了 RCEP 成员国间的经贸关系,成为吸引成员国加入RCEP 的关键因素。

RCEP 和"一带一路"倡议都致力于促进区域经济的相互联通。在东北亚范围内,这两者存在一定的重叠,涉及的国家、合作领域以及区域贸易规则相互补充、相互影响。在这一背景下,东北亚国家有足够的动力深化多边经贸投资机制,提升区域一体化水平。RCEP 和"一带一路"倡议的有机结合让这些国家能

---

① "一带一路"与 RCEP"双轮"驱动更高水平对外开放 [EB/OL]. 中华人民共和国商务部, http:∥chinawto. mofcom. gov. cn/article/e/s/202212/20221203374630. shtml;中国与"一带一路"沿线国家货物贸易额累计约 11. 8 万亿美元 [EB/OL]. 中国新闻网, [2022-06-28], https:∥www. chinanews. cn/cj/2022/06-28/9790525. shtml.

够更加紧密地合作，共同应对来自全球经济变化和挑战的影响，不仅有助于促进各成员国之间的互利共赢，也为东北亚地区带来了更广泛的发展机遇。

在当前充满不确定性的全球环境中，多边贸易体制面临着严峻的挑战。在这个时候，"一带一路"倡议显现出独特的价值，成为迷雾中的一缕曙光。共建"一带一路"不仅加深了RCEP成员国之间的经贸合作关系，更强化了共同发展理念，吸引并推动更多共建"一带一路"国家参与RCEP区域合作，持续提升东北亚地区的区域一体化水平。

"一带一路"倡议和RCEP在东北亚地区的经贸发展中具有互补性。"一带一路"倡议为基础设施建设提供了支持，可以提升东北亚地区的互联互通水平，加强交通、能源和数字等领域的合作。RCEP则通过降低贸易壁垒、促进贸易自由化，为东北亚地区的经济合作提供了更加稳定和可预测的法律和商业环境。同时，这两个框架也可以通过促进投资和贸易活动来推动东北亚地区的经济增长，促进资源的合理配置和市场的繁荣发展。

未来，对缔约国具有约束力的RCEP与开放性的"一带一路"倡议将进一步相辅相成、相得益彰，充分释放"1+1>2"的效能，促进东北亚地区的经济一体化和贸易自由化进程，推动建立东北亚经济一体化发展新格局。

（四）"一带一路"倡议在东北亚区域未来推进路径

尽管东北亚地区的合作进展相对滞缓，且"一带一路"规划在这一地区的涉及较为有限，但"一带一路"倡议所秉持的原则在东北亚同样适用。在推动东北亚地区经济一体化进程方面，共同的基础设施建设是至关重要的基础，而次区域经济合作则成为助推力量。通过加强基础设施建设、促进贸易往来、加强人文交流等方面的合作，东北亚地区有望借助"一带一路"倡议，实现更紧密的经济联系，迈向更为繁荣和稳定的未来。

1. 完善东北亚地区的交通和通信基础设施

通过打通图们江入海通道的畅通，建设交通枢纽，以及连接丝绸之路和俄罗斯跨亚欧大路桥、蒙古国草原之路等，构建畅通的东北亚、中亚和西亚交通渠道。东北三省也应大力投资交通和物流基础设施建设，打造"一带一路"的交通枢纽。例如，四平市的智能公路港、珲春市的四路三桥一站、满洲里市的中俄铁路运邮通道等项目都为东北亚地区资源流通和整合提供了物流保障。

在信息化时代的背景下，网络互联和信息开放互通对于共建"一带一路"国家强化沟通、深化合作至关重要。共建"一带一路"国家通信设施将与其他基础设施建设相互促进，有望减小因信息开放差异而产生的数字鸿沟，最终促进设施之间的联通。在通信设施建设的过程中，一方面，应考虑结合各国信息化发展现状，创新合作机制；另一方面，可以充分发挥中国在这一领域的输出优势，实现互惠互利的共同发展。

2. 积极推进经济合作

RCEP 与"一带一路"倡议共同致力于区域经济的相互联通，在东北亚范围形成了一定的重叠。RCEP 将成为"一带一路"倡议机制化和规则化的合作平台，有望有力支持共建国家自由贸易和多边贸易体制，维护区域产业链的稳定，促使东北亚国家更深度参与"一带一路"建设。同时，RCEP 与"一带一路"在服务贸易方面的共同建设和共同发展将为众多企业带来新的商机。

以 RCEP 为例，各国在产业结构上存在差异。日韩的优势产业主要集中在机械及设备制造、电气和光学设备制造业、运输设备制造业等资本和技术密集型行业，而中国则在纺织、电气和光学设备制造等领域有着明显优势。利用 RCEP 的贸易规则可以提高东北亚国家的贸易互补性，有助于提高区域贸易效率，促进东北亚国家的经济发展。中国、日本、韩国在电气设备制造等中等科技行业具有较高的互补性，进一步深化区域产业合作将促使经济要素在区域内更加自由流动，强化成员国间的分工合作，推动区域内消费市场的扩大和升级，巩固和发展区域内产业链、供应链和价值链。随着区域经济一体化水平的提高，成员国将更有信心和决心携手应对疫后经济复苏的挑战，为参与"一带一路"建设创造更多可能性。

3. 大力加强文化交流合作

文化作为经贸合作与人文交流的结合点，是"一带一路"倡议走向世界的坚实支撑。这一桥梁可以激励各国进行学术合作、文化交流和人员往来，包括学生交换、学者互访以及多样的文化活动。为促进东北亚各国之间的相互理解和友谊，有必要建立和拓展学术合作项目和文化交流机制。例如，举办文化交流活动和项目，可以推动东北亚地区文化产业的发展。举办文化艺术展览、音乐会、电影节、文学交流等活动，有助于展示和推广各国的文化遗产和艺术成就。这些举措可以增进东北亚国家之间的文化交流，提升人们对彼此文化的认知和欣赏。

同时，建立跨国文化交流平台，通过提供信息共享、合作交流和资源对接的机制，促进数字化技术和互联网的运用，打破地域限制，推动东北亚各国之间的文化交流和合作。

在实现这一愿景的过程中，定期举办文化活动，如文化艺术展览、音乐会、电影节、文学交流等，将有助于向国际社会展示东北亚的多元文化魅力。这些活动不仅可以促进文化产业的繁荣，也为东北亚各国之间搭建了更紧密的合作桥梁，加强了人文纽带。

三、"一带一路"倡议对中国东北地区经贸发展的影响

2013年9月和10月，习近平主席在访问哈萨克斯坦和印度尼西亚时，先后提出共建"丝绸之路经济带"和"21世纪海上丝绸之路"的倡议，简称"一带一路"重大倡议。随后，中国国家发展和改革委员会、外交部、商务部联合发布《推动共建丝绸之路经济带和21世纪海上丝绸之路的愿景与行动》，对实施"一带一路"倡议的框架思路、合作重点、合作机制等进行了详细的规划。"一带一路"倡议是中国主动发布的，推进中国与亚洲、非洲、欧洲古代丝绸之路和海上丝绸之路共建国家全面经济合作的重大规划，对于扩展中国经济影响力，推进产业结构转型升级，深化与共建国家经济、政治、文化等领域的双边与多边交流具有长远的影响。

黑龙江、吉林、辽宁位于东北亚地区的中心地带，是我国重要的工业和农业基地。近年来，东北三省积极参与"一带一路"建设，在战略规划、基础设施建设、贸易、金融和对外人文交流等方面积极融入，努力推进东北亚经济走廊建设，打造我国向北开放的重要窗口和东北亚地区合作中心枢纽。与此同时，"一带一路"建设也为东北全面振兴战略提供了新的发展机遇。

1. 加强政策沟通，构建全面开放格局

在"一带一路"倡议下，新一轮东北振兴、京津冀协同发展、自由贸易试验区等重大战略的深入实施，为东北全方位扩大开放提供了重大机遇。东北三省各自提出对接国家战略的区域协调发展规划，包括引领东北振兴、对接京津冀协同发展、推动自贸区建设等。为构建和夯实全面开放格局，东北三省积极向国家争取政策支持，各地市也希望在"一带一路"中发挥更大作用。

例如，辽宁希望率先推动与俄罗斯、日本、韩国、朝鲜、蒙古国共建"东北亚经济走廊"，并争取国家设立"丹东特区"，将丹东打造为重点开发开放试验区。此外，哈尔滨、长春、沈阳、大连等地也主动制定"一带一路"实施方案或行动计划，争取国家的开放政策支持，力争在"一带一路"建设中发挥更大作用。

为有效推动相关政策沟通机制建设，东北三省积极与俄罗斯、日本、韩国就共建"一带一路"开展政策沟通。我国多个省市已经与其他国家建立了省州长定期会晤机制，将相关政策沟通机制常态化。

2. 强化设施联通，构筑互联互通多维网络

"一带一路"倡议提出后，东北三省逐步完善陆海空多维基础设施互联互通。2018年12月，哈牡高铁正式开通运营，完成中国"八纵八横"高铁网中最北"一横"。东北港口建设已形成大连东北亚国际航运中心和世界级港口集群。空运则以哈尔滨、长春、沈阳、大连等多个运输机场为节点，构建起了国际航运网络。此外，油气能源等相关基础设施建设也在稳步推进。

为降低贸易成本，吉林省积极打造现代物流。相关企业开发的智能集装箱全程监管系统可以对货物进行全程定位跟踪，引领物流行业智慧升级。"一带一路"倡议提出后，东北三省密切合作，通过"海铁联运"，逐步构筑了贯通东北的中欧班列国际物流通道。

3. 推进经贸畅通，引领高质量发展

"一带一路"倡议提出后，东北三省充分发挥自身工业基础优势，积极开拓与欧洲、亚洲、非洲等地区的产能合作，拓展多边贸易体系，逐步推动产业结构升级，促进经贸畅通，优化产业结构。

4. 促进资金融通，拓宽多元融资渠道

为改善"一带一路"建设的融资条件，东北三省与中国进出口银行、中国出口信用保险公司在东北的分支机构合作，设立"一带一路"建设工作平台，以便金融机构与企业对接融资业务。另外，部分地区与金融机构合作建立"政银保企"服务机制，搭建了融资绿色通道和银企对接平台，进一步优化了企业的"一带一路"融资环境。为了拓宽海外融资渠道，东北三省加强与其他国家金融机构和企业深化合作，吸引海外资金参与东北的资金融通业务。辽宁与日资重点企业探讨深化资金融资合作。沈阳市与日本驻沈金融机构、日本关西地区金融机构举办"沈阳-关西金融机构对话会"，增强当地企业的融资能力。随着"一带一路"建设的持续深入，东北三省跨境人民币业务稳步增长，结算规模不断扩大，业务品种趋于多元。

5. 增进民心相通，发展丝绸之路新友谊

东北三省的医疗企业深度践行"一带一路"倡议，推出"健康丝路计划"，不断扩大对共建国家的医疗服务，提升当地医疗水平。其中，东软医疗帮助肯尼亚政府实施"全民健康覆盖计划"，使医疗诊断服务快速覆盖至肯尼亚的37个郡，惠及约3000万人口，占全国总人口的76%，极大提升了肯尼亚政府的公共卫生服务能力。为促进民心相通，东北三省深化和共建"一带一路"国家的教育与科技合作，共同培养优秀人才。辽宁和共建"一带一路"国家的45所高校发起成立了"一带一路"高校联盟沈阳分盟，使东北高校能更好地服务国家的重大战略。此外，在与友好城市深化人文交流合作水平、推动跨境旅游合作、联合举办论坛会议、共同开展体育活动等方面，东北三省也不断拓展与共建国家的人文交流，增进相互间的民心相通。

第五章

东北亚经贸动向对我国产业链供应链安全的影响

世界百年未有之大变局下，全球产业链供应链调整呈现短链化、区域化、增加值地理分布趋于集中、价值链治理模式的演变和数字化等新趋向。这对中国产业链供应链安全稳定发展既有挑战也有机遇，但综合来看机遇大于挑战。短期内，上述调整不会对中国产业链供应链安全稳定产生实质性冲击，这主要得益于世界经济已形成"你中有我、我中有你"相互依赖格局、中国已取得的在位规模优势以及国内相对齐全的产业配套门类优势等。但如果不解决"卡脖子"问题，不抓住以数字技术为代表的新一轮信息技术革命带来的战略机遇，长期确实会对我国产业链供应链安全带来较大影响。为此，坚定不移扩大开放，采取有效对策举措进一步强化抑制"脱钩"的各种有利因素，提高产业链完整性和自主可控能力，是保障中国产业链供应链安全稳定的关键。

一、中国产业链供应链安全的现状和影响

（一）全球产业链供应链呈加速重构趋势[①]

1. 以全球金融危机为分水岭的国际生产发展态势

以全球金融危机为分水岭的国际生产发展态势发生了明显变化。在金融危机

---

① 郭宏，伦蕊. 新冠肺炎疫情下全球产业链重构趋势及中国应对［J］. 中州学刊，2021（1）：8.

爆发前 20 年，国际生产呈现快速增长的趋势。这一时期，技术进步使得生产过程更加精细化，构建了复杂的跨境供应链。全球贸易投资政策自由化、出口导向型增长政策、要素成本差异和贸易成本下降等因素推动了跨国公司的全球扩张。全球外国直接投资存量在 1990~2010 年增长了 10 倍，全球贸易额增长了 5 倍，其中绝大多数是公司内贸易和供应链内部贸易。

在金融危机之前，国际生产发展主要表现为以下三方面：一是跨国公司的作用增强。随着全球化进程的加速，跨国公司在全球经济中的地位越来越重要。这些公司通过在海外设立分支机构或收购当地企业等方式，进一步扩大了自己的生产规模和市场份额。二是供应链的全球化。为了更好地满足市场需求，跨国公司开始将供应链全球化。这意味着零部件和原材料的采购、产品的制造和销售等环节都开始分散到全球范围内进行。三是技术创新的推动。随着科技的不断进步，新技术、新产品和新工艺不断涌现，为国际生产发展提供了新动力。这些技术创新不仅提高了生产效率，也带来了新的商业模式和竞争策略。

然而，2008 年全球金融危机爆发后，国际生产发展态势发生了明显变化。实物生产性资产的跨境投资流量停滞，贸易增长放缓，全球价值链贸易下降。全球 FDI 的年均增长率从 1990 年的 15.3% 和 2000 年的 8.0% 降到 2010 年的 0.8%。国际贸易在以超过 GDP 两倍的速度增长了数十年后，在 2010 年明显放缓。跨国公司几十年来的全球扩张趋势在 2010 年戛然而止。全球跨国公司 100 强的跨国化指数在 20 世纪 90 年代增长了 5 个百分点，2000 年继续增长 10 个百分点，但在 2010 年陷入停滞。

导致这一变化的原因有多方面，包括全球经济不确定性加大，金融市场动荡，以及全球供应链受到冲击。投资者对风险的厌恶使得国际投资变得谨慎，跨国公司对于全球扩张的意愿减弱。同时，金融市场的动荡和信用紧缩使得公司融资变得更加困难。全球供应链的冲击，尤其是对于高度依赖中国的全球供应链而言，导致生产中断和供应链断裂，这也促使一些公司重新考虑全球化战略。

总体而言，全球金融危机作为分水岭对国际生产发展态势造成了深刻的影响，使得原本快速增长的趋势明显减缓，跨国公司的全球扩张模式发生调整。

2. 影响全球价值链演变的关键因素

随着国际生产的停滞，全球产业链正在经历深刻的演变。这个过程受到许多因素的影响，这些因素通过复杂的机制决定了全球产业链的演变。首先，跨国公司对生产模块化和规模经济的追求可能导致价值链变得更长。这是因为生产过程的模块化使得生产任务可以分散到不同地方，从而增加了价值链的长度。其次，对规模经济的追求也会促使跨国公司整合生产过程，从而影响价值链的长度。但贸易成本和创新强度可能会缩短价值链长度。贸易成本主要影响价值链的长度以及增加值的地理分布。在多次跨境产品或部件的成本中，包含关税和行政程序成本在内的贸易成本占据着较高份额，因此，高贸易成本可能会阻碍跨国公司的全球化生产，从而缩短价值链长度。最后，创新强度也会影响价值链的长度。高创新强度可能会带来更紧密的控制、价值链内向化、生产本土化等，从而缩短价值链长度。劳动力成本套利机会大、产品定制程度高可能会使增加值地理分布更为广泛。劳动力成本差异是效率寻求型投资和国际生产网络布局的根源，因此，劳动力成本套利机会大的地区可能会吸引更多的跨国公司进行投资，从而使得增加值地理分布更为广泛。同时，产品定制程度高可能会促使增加值地理分布更为广泛，因为定制往往会导致增加值的分散化，即更分散的空间地理分布。供需集中度、贸易和运输成本高则可能会导致地理分布更为集中。价值链的上游、下游以及知识密集型部分的地理分布取决于需求地点、关键供应来源、技术和人才。因此，供需集中度高的地区可能会吸引更多的跨国公司进行投资，从而使得地理分布更为集中。同时，贸易和运输成本高也可能会阻碍跨国公司的全球化生产，使得地理分布更为集中。交易成本和知识产权则可能会对跨国公司全球价值链治理模式选择产生重要影响。交易成本包括传递信息、产品规格、质量控制和风险管理方面，决定了主导企业寻求外包的程度和价值链中的步骤数量。知识产权密度高的地区可能会促使跨国公司选择更紧密的控制模式，如通过非股权进入模式进行控制，从而对全球价值链的治理模式产生影响（见表5-1）。

表5-1　影响全球价值链长度、地理分布和治理模式的关键因素

决定因素	影响	关系		
		L	GD	GC
套利机会（劳动力成本、监管、税收）	劳动力成本差异是效率寻求型投资和国际生产网络布局的根源；监管、税收等套利机会也使得国际网络更加复杂	+	+	

决定因素	影响	关系		
		L	GD	GC
供应、需求的集中度、专门知识与技术	价值链的上游、下游及知识密集型部分的地理分布，取决于需求地点、关键供应来源、技术和人才		–	
贸易成本	贸易成本主要影响价值链的长度以及增加值的地理分布。在多次跨境产品或部件的成本中，包含关税和行政程序成本在内的贸易成本占据着较高份额	–	–	
运输成本	运输成本影响着公司的采购和选址决策，进而影响价值链的物理长度和地理分布	–	–	
交易成本	体现在传递信息、产品规格、质量控制和风险管理方面的交易成本，决定了主导企业寻求外包的程度和价值链中的步骤数量	–		+
生产过程的模块化	生产可被分解的程度是离散型任务碎片化的驱动因素和先决条件，并进一步决定着价值链的长度	+	+	
专业化分工的收益	专业化收益是价值链分散化的关键驱动因素。专业化收益与任务层面的规模经济密切相关	+		
规模经济	价值链任务层面的规模经济带来专业化收益，并导致更大程度的分散化；整合生产过程中的规模经济则对价值链长度产生相反效果	+/–	–	
创新和知识产权密度	高密度的知识产权会导致更严密的控制、价值链内向化、生产本土化。在产品或工艺规范易于被编码和传输的情况下，通过非股权进入模式的控制可能优于FDI	–		+
产品差异化或定制化的程度	定制的需要往往导致增加值的分散化，即更分散的空间地理分布	–	+	+/–

注：关系列显示的是各种决定因素与价值链长度（L）、地理分布（GD）、治理与控制（GC）之间的正相关或负相关关系。其中，决定因素与GC之间的关系可被解释为通过非股权进入模式或内向化（即基于所有权的治理）实现更多的控制。

资料来源：UNCTAD。

总的来说，全球产业链的演变受到多种因素的影响。这些因素通过复杂的机制决定着全球产业链的演变方向和形态。

3. 全球产业链供应链重构趋势

全球金融危机对国际生产的冲击是深远而广泛的。首先，金融危机导致全球经济的急剧下滑，市场需求锐减，这对跨国公司的生产和销售形成了沉重的压力。跨国公司不得不调整生产计划、削减成本以适应市场的不确定性。其次，金融危机加剧了全球经济的失衡。一些国家面临着财政赤字、债务累积、货币贬值等问题，使得跨国公司的投资决策更加谨慎。投资环境的不确定性和风险加大，导致一些公司暂停或延缓了在特定国家或地区的生产计划。另外，金融危机引发了贸易保护主义的抬头。部分国家采取贸易限制措施，加征关税，形成了一系列的贸易摩擦。这使得国际贸易环境更加复杂，跨国公司需要应对多重挑战，包括供应链的中断和贸易成本的上升。

在全球产业链重构过程中，西方国家经济战略显著的内向化转变发挥着重要的推动作用。[①] 过去10年来，反全球化力量的兴起、各国对经济主权和产业安全的关注、大国竞争回归等因素推动着经济政策的内倾化。这种内向化转变主要表现为：在贸易政策方面，追求对等和双边贸易平衡、公平互惠取代自由贸易成为政策制定的指导原则；在投资政策方面，加强投资监管机制，尤其是在战略产业和关键基础设施领域；在产业政策方面，推进再工业化，开始强调国家主权和关键供应自主；在国际经济合作方面，将本国利益置于国际条约和多边规则的义务之上，侵蚀甚至不惜破坏国际规则。西方国家经济战略内向化的一个重要政策目标是维护国家安全、产业链安全。整体而言，全球产业链的转型是一个综合多因素作用的复杂过程，呈现以下四种重构趋势：

（1）本地化和近岸化

供应链的本地化和近岸化是在全球产业链转型的大背景下出现的重要趋势。这一变化反映了跨国公司在面对诸多不确定性和挑战时，为提高韧性和降低风险而采取的应对措施。首先，本地化和近岸化可以有效降低运输成本。全球化时代，为了追求成本效益，一些企业选择在全球范围内建立生产基地，以利用廉价劳动力和原材料，但这会导致长途运输、高物流成本和长交付周期等问题。通过本地化和近岸化，企业能够更紧密地与目标市场接触，降低运输距离和成本，提高供应链的效率。其次，本地化和近岸化有助于减少物流风险。全球范围内的自然灾害、政治动荡和其他突发事件可能对供应链造成重大影响。本地化和近岸化可以缩小供应链的地理范围，减少受到这些不可预测因素影响的风险。当发生紧急情况时，企业能够更迅速地调整生产和供应计划，确保业务的连续性。再次，

---

① 郭宏、张嘉斐、郭鑫榆. 西方国家经济政策内倾化及其影响［J］. 现代国际关系，2021（2）.

本地化和近岸化有助于满足当地市场的个性化需求。随着消费者对个性化和定制化产品需求的不断增长，企业需要更灵活地调整产品和服务。通过本地化，企业可以更好地理解当地市场的需求，提供更符合消费者期望的产品，增强竞争力。最后，将生产过程和供应链贴近市场需求可以更好地适应当地文化和环境，提高企业的社会责任感和声誉。这有助于增强企业的品牌形象和市场竞争力，为企业的长期发展奠定良好基础。

这种趋势将推动全球产业链向区域化发展。跨国公司可能会更加关注建立在核心市场周边的生产基地，形成由地区组成的供应网络。这有助于构建更为紧密、高效的区域经济一体化，各国之间的合作和协调将变得更为密切不仅可以为地方经济提供更多机会，还有助于促进区域内产业的升级和创新。

（2）区域化

供应链区域化旨在提高韧性、降低风险、加速响应速度，以更好地适应不断变化的商业环境。这一策略背后蕴含着对全球化模式的重新思考，跨国公司越来越倾向于将生产和供应的关键环节定位在离核心市场更近的地方。首先，供应链区域化可以提高生产效率和产品质量。将生产过程和供应链贴近市场需求，可以更好地满足客户的个性化需求，及时调整生产计划，提高生产效率和产品质量。同时，近距离的沟通和协作可以加强企业之间的合作和信任，提高整个供应链的协同效应。其次，供应链区域化有助于降低供应链的风险。全球范围内的地缘政治不稳定、自然灾害、公共卫生事件等不可预测的风险会对供应链构成威胁。通过将生产和供应环节集中在较小的地理范围内，企业可以更容易管理和应对这些风险，减少因意外事件而导致的生产中断。最后，供应链区域化还可以促进地区经济一体化和区域经济发展。跨国公司将生产过程和供应链贴近市场需求，可以带动当地经济的发展和就业机会，促进地区产业集聚和升级。这种区域化的发展趋势可以带来更多的合作机会和共赢局面，推动全球经济的稳定发展。

例如，近年来，华为公司将供应链布局在中国本土，主要原因是中国的制造业发达、劳动力成本相对低廉以及政府的政策支持。华为的供应链不仅包括中国本土的供应商，还包括一些国际供应商。这种本地化的供应链策略使得华为可以更好地适应当地市场需求，提高生产效率和产品质量。此外，汽车制造商特斯拉也采用了区域化的生产战略。特斯拉在不同的地理区域建立了生产工厂，以便更好地服务当地市场，减少运输成本，缩短交付周期。这使得特斯拉能够更灵活地应对当地市场的需求变化，提高了市场反应速度。

总体而言，供应链区域化是企业适应快速变化的商业环境、提高运营效率和降低风险的有效策略。通过将关键供应链环节本地化，企业能够更好地应对全球化带来的挑战，实现可持续的经济增长。

（3）增加值地理分布趋于集中

增加值地理分布趋势反映了在全球化的进程中，一些关键产业环节和高附加值的生产活动更加集中在特定地理区域。这种集中趋势涉及供应链中价值创造的不同环节，包括设计、研发、高科技制造等。首先，技术和创新的集中。由于科技和创新活动对于产业链上游的重要性，一些科技密集型产业，尤其是高科技制造和研发领域，逐渐向少数拥有先进技术和研发实力的国家或地区集中。这样的集中趋势有助于提高生产效率和产品质量，使得这些地区在全球产业链中扮演着关键角色。其次，高附加值生产活动的集聚。一些国家或地区在全球价值链上成功实现了从低附加值到高附加值的跃升，形成了具有竞争优势的高附加值生产集群。这包括设计、品牌打造、营销等环节的集中，使得一些地区成为全球产业链中的高附加值生产中心。最后，跨国公司全球经营的中心化。为了更好地协调和管理全球产业链，一些跨国公司倾向于将其全球经营的决策中心集中在特定地区。这种中心化的趋势有助于提高企业的整体效益，但也使得全球产业链在管理和决策上更加集中化。

这一趋势的背后是全球经济体系中不同国家和地区在技术、创新和产业升级方面的差异。一些发达国家和地区由于拥有更先进的技术水平和创新体系，更容易吸引高附加值的生产活动。这种集中趋势也反映了全球产业链中的一种"中心—边缘"结构，中心地区更专注于高附加值的生产环节，而边缘地区则主要承担低附加值、劳动力密集型的生产任务。集中的高附加值生产活动有助于推动一些地区的经济发展，但也带来了全球产业链中的不平等现象。对于其他地区而言，要想更好地融入全球价值链，可能需要通过提升技术水平、加强创新和升级产业结构，以提高在全球产业链中的地位。

（4）数字化

当前，世界主要国家纷纷围绕新技术、新产业进行战略部署，力图在新一轮全球化中掌握主动权，这直接催动全球产业分工格局发生变化。数字化、网络化、智能化新技术的发展应用，不仅带来了产业思维模式的改变、催发了新需求的产生，还将推动不同生产要素的相对重要性发生变化，进而导致不同国家间的资源禀赋优势发生变化，最终影响全球产业分工格局。当前，产业革命和技术革命变革的一个重要发展方向就是数字化。作为生产要素的数据，无论是在生产还是在管理中，其重要性日益凸显。麦肯锡全球研究院在 2019 年发布的《制造业数字化转型取得成功的六大因素》中曾指出，随着数字技术的不断进步和发展，制造业已在众多数字化领域和方面取得了成功。例如，在汽车制造业，数字双胞胎、预见性维护和数字质量系统等多种颠覆性数字解决方案，已经能够在冲压、车身和油漆车间以及装配过程中释放安全、质量和生产效率等方方面面的价值。生产过程实现数字化意味着将依托数字化实现工艺创新和过程创新，实现工业模式的进一步转型升级（杨丹辉和渠慎宁，2021）。例如，可以通过在线监测和数据分析实现产品品质控制；依托数字化实现柔性制造和敏捷制造，解决小订单生产问题；依托数字化实现传统车间（工厂）向智能车间（工厂）的转型。在管理领域，依托数字化可以实现从低附加值向高附加值环节延伸和转型。全球产业链供应链的数字化转型可能会产生两个方向相反的影响：一是进一步深化专业化分工，从而促使全球产业链供应链不断向纵深方向延伸，新模式、新业态和新产业将不断涌现；二是制造设备和工艺的数字化、智能化会提高一些行业一体化生产和本地化生产程度，导致部分领域和行业的专业化分工减少，从而引起全球产业链供应链收缩。

总之，全球产业链重构会对未来全球产业竞争格局造成深远的影响。一些产业诸如战略产业，受"脱钩"等政府强制政策的影响，可能会出现两条或多条相互并行且竞争的产业链，以及相互竞争的技术标准和体系。但在一些产业中，国际生产分工的经济逻辑仍会居于主导地位，影响着跨国公司的全球生产布局。因此，大范围的"脱钩"或"产业链对产业链"的竞争不会成为普遍现象。未来一段时期，在国家提升产业能力政策、区域自主性要求、新工业革命的推动下，产业链区域化布局将非常普遍，尤其是在传统全球价值链密集型产业、区域加工业和初级产业表现得更为明显。因此，未来全球产业竞争更有可能呈现区域之间"产业集群对产业集群"竞争的景象，形成以美国为中心的北美、以中国为中心的东亚和以德国为中心的欧洲区域产业集群，那些拥有综合区位优势和全球资源配置能力的区域将获得国际经济竞争的优势。对发展中国家而言，全球产业链短链化、本土化、区域化的趋势，极大压缩了发展中国家参与全球产业链的空间，削减了其价值获取的机会，阻断了其获取先进技术的路径，使发展中国家基于垂直专业化的外向型发展战略和产业升级面临严峻挑战。

（二）中国产业链供应链现状

全球产业链供应链调整对中国带来了巨大挑战，一旦全球价值链重构的方向朝着发达国家意欲引领的方向发展，尤其是向着本土化方向调整，不仅会给中国全球产业链供应链带来安全和稳定隐患，而且还有将中国排除在全球价值链分工体系之外的风险。本书运用增加值贸易核算技术，测算中国在全球价值链中的位置和参与度，以此判断中国产业链安全现状。

1. 中国参与 GVC 程度分析

通过对 2007～2021 年的 ADB 数据库中的投入产出表进行分解，测算中国及美日韩俄蒙等国的 GVC 参与度指数，分析中国参与全球价值链的程度，得到的结果如图 5-1 所示。

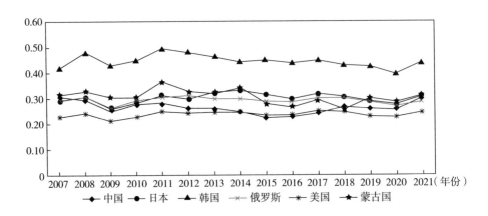

图 5-1　2007～2021 年中国及美日韩俄蒙参与 GVC 程度

资料来源：笔者根据 ADB 数据计算所得。

从图5-1可以看出，2007~2021年，中国及美日韩俄蒙等国的全球价值链参与度指数存在明显差异。整体来看，韩国参与全球价值链的程度最深，中国、美国、日本、俄罗斯和蒙古国参与全球价值链的程度相对较低，但同时也说明韩国对全球价值链的依赖度相对较高，而其余国家对全球价值链的依赖度相对较低。从变化趋势来看，中国参与全球价值链的程度总体呈缓慢下降趋势，但在2015年之后有所上升；美国参与全球价值链的程度总体呈缓慢上升趋势，但在2018年之后有所下降；日本参与全球价值链的程度总体呈下降趋势，特别是在2017年之后呈明显下降趋势；韩国参与全球价值链的程度呈先升后降趋势，但总体相对平稳；俄罗斯参与全球价值链的程度总体呈先升后降趋势；蒙古国参与全球价值链的程度总体波动相对较大，在2011年达到峰值。由此可以看出，中国对国际生产的依赖水平在不断降低，中国的工业门类也越来越齐全，中国参与全球价值链程度总体向好发展。

2. 中国参与 GVC 地位分析

通过对2007~2021年的 ADB 数据库中的投入产出表进行分解，测算中国及美日韩俄蒙等国的 GVC 参与度指数，对比分析中国在全球价值链中的相对地位，得到的结果如图5-2所示。

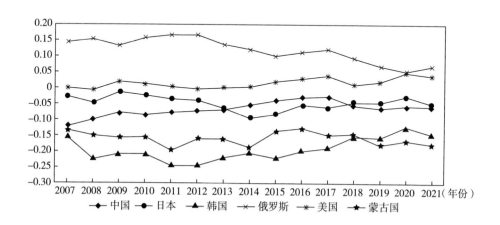

图5-2　2007~2021年中国及美日韩俄蒙参与 GVC 地位

资料来源：笔者根据 ADB 数据计算所得。

从图 5-2 可以看出，2007~2021 年，中国及美日韩俄蒙等国的全球价值链地位指数分层明显。美国和俄罗斯的全球价值链地位指数基本为正，而中国、日本、韩国和蒙古国的全球价值链地位指数基本为负，表明美国和俄罗斯对其他国家的生产具有重要影响，处于全球价值链的中上游位置，在生产过程中所获得的利润也更多，而中国、韩国和蒙古国处于全球价值链的中下游位置，受其他国家核心技术制约较大，在整个生产过程中获得的利润也较少。整体来看，美国和俄罗斯在全球价值链中的地位最高，中国和日本次之，韩国和蒙古国在全球价值链中的地位相对较低。

3. 中国产业参与 GVC 分工地位情况

（1）中国产业参与 GVC 程度分析

通过对 2012~2021 年的 ADB 数据库中的投入产出表进行分解，按产业类型分别测算中国及美日韩俄的 GVC 参与度指数，得到的结果如表 5-2 所示。

表 5-2　2012~2021 年中国及美日韩俄的 GVC 参与度分产业情况

	中国	美国	日本	韩国	俄罗斯
2012-IP1	0.00	0.91	0.39	0.66	0.26
2012-IP2	0.08	0.10	0.55	0.27	0.28
2012-IP3	0.24	0.19	0.22	0.30	0.24
2012-IP4	0.10	0.12	0.11	0.15	0.42
2012-IP5	0.54	0.30	0.51	0.28	0.40
2013-IP1	0.00	0.87	0.34	0.82	0.23
2013-IP2	0.08	0.10	0.55	0.30	0.24
2013-IP3	0.23	0.19	0.22	0.30	0.25
2013-IP4	0.11	0.13	0.11	0.15	0.44
2013-IP5	0.58	0.32	0.64	0.29	0.38
2014-IP1	0.00	0.75	0.29	0.87	0.23
2014-IP2	0.07	0.10	0.52	0.30	0.22
2014-IP3	0.21	0.19	0.22	0.29	0.23
2014-IP4	0.10	0.12	0.11	0.14	0.45
2014-IP5	0.59	0.32	0.73	1.16	0.42
2015-IP1	0.00	0.64	0.27	0.77	0.21

续表

	中国	美国	日本	韩国	俄罗斯
2015-IP2	0.07	0.10	0.51	0.32	0.24
2015-IP3	0.20	0.20	0.21	0.28	0.23
2015-IP4	0.09	0.12	0.10	0.15	0.47
2015-IP5	0.51	0.31	0.70	1.18	0.42
2016-IP1	0.00	0.62	0.31	0.88	0.19
2016-IP2	0.07	0.10	0.50	0.33	0.25
2016-IP3	0.20	0.20	0.20	0.28	0.24
2016-IP4	0.10	0.13	0.10	0.15	0.52
2016-IP5	0.53	0.31	0.69	1.18	0.40
2017-IP1	0.00	0.64	0.30	0.92	0.20
2017-IP2	0.08	0.11	0.52	0.37	0.24
2017-IP3	0.21	0.21	0.21	0.28	0.25
2017-IP4	0.10	0.13	0.11	0.16	0.52
2017-IP5	0.54	0.34	0.73	0.31	0.45
2018-IP1	0.00	0.61	0.34	0.58	0.20
2018-IP2	0.09	0.11	0.47	0.39	0.18
2018-IP3	0.22	0.22	0.23	0.26	0.19
2018-IP4	0.11	0.13	0.11	0.17	0.39
2018-IP5	0.61	0.35	0.65	1.20	0.94
2019-IP1	0.00	0.43	0.28	0.55	0.24
2019-IP2	0.07	0.10	0.39	0.40	0.11
2019-IP3	0.24	0.20	0.21	0.26	0.14
2019-IP4	0.11	0.12	0.10	0.16	0.38
2019-IP5	0.73	0.32	0.58	1.14	0.82
2020-IP1	0.00	0.33	0.28	0.56	0.21
2020-IP2	0.08	0.09	0.36	0.37	0.10
2020-IP3	0.24	0.23	0.21	0.28	0.15
2020-IP4	0.10	0.13	0.11	0.16	0.35
2020-IP5	0.74	0.29	0.64	1.06	0.75
2021-IP1	0.00	0.42	0.53	0.61	0.23
2021-IP2	0.10	0.10	0.45	0.44	0.12
2021-IP3	0.29	0.23	0.22	0.26	0.16

续表

	中国	美国	日本	韩国	俄罗斯
2021-IP4	0.11	0.14	0.12	0.18	0.39
2021-IP5	1.14	0.32	0.67	1.17	0.88

注：IP1：资源型产业；IP2：劳动密集型产业；IP3：资本密集型产业 IP4：知识密集型产业；IP5：服务业。

资料来源：笔者根据 ADB 数据计算所得。

分产业来看，2021 年，中国的服务业产业参与全球价值链的程度较高，其次是资本密集型产业和知识密集型产业，资源型产业和劳动密集型产业参与全球价值链的程度相对较低；美国各类产业参与全球价值链的程度相对来说比较均衡，各类产业的全球价值链参与度指数相差不大；日本同其他四国情况都不同的是，其服务业产业参与全球价值链的程度最高，资源型产业和劳动密集型次之，最低的是知识密集型产业；韩国同中国的情况类似，各类产业的差异化特征明显，其中服务业产业参与全球价值链的程度较高，其次是资源型产业、劳动密集型产业和资本密集型产业，知识密集型产业参与全球价值链的程度相对较低；俄罗斯的服务业产业参与全球价值链的程度较高，其次是知识密集型产业和资源型产业，资本密集型产业和劳动密集型产业参与全球价值链的程度相对较低。

（2）中国产业参与 GVC 地位分析

通过对 2012~2021 年的 ADB 数据库中的投入产出表进行分解，按产业类型分别测算中国及美日韩俄的 GVC 地位指数，得到的结果表 5-3 所示。

表 5-3　2012~2021 年中国及美日韩俄的 GVC 地位分产业情况

	中国	美国	日本	韩国	俄罗斯
2012-IP1	0.00	0.70	0.33	0.51	0.24
2012-IP2	0.08	0.10	0.48	0.25	0.26
2012-IP3	0.23	0.18	0.21	0.27	0.23
2012-IP4	0.10	0.12	0.10	0.14	0.37
2012-IP5	0.47	0.28	0.45	0.24	0.36
2013-IP1	0.00	0.69	0.29	0.60	0.21

	中国	美国	日本	韩国	俄罗斯
2013-IP2	0.08	0.10	0.49	0.28	0.22
2013-IP3	0.22	0.18	0.21	0.27	0.23
2013-IP4	0.10	0.13	0.11	0.15	0.38
2013-IP5	0.51	0.29	0.55	0.26	0.34
2014-IP1	0.00	0.61	0.25	0.63	0.21
2014-IP2	0.07	0.10	0.46	0.28	0.21
2014-IP3	0.20	0.18	0.21	0.27	0.21
2014-IP4	0.09	0.12	0.10	0.14	0.39
2014-IP5	0.52	0.30	0.62	0.87	0.37
2015-IP1	0.00	0.53	0.24	0.57	0.19
2015-IP2	0.07	0.10	0.45	0.30	0.23
2015-IP3	0.19	0.19	0.20	0.26	0.21
2015-IP4	0.09	0.12	0.10	0.14	0.41
2015-IP5	0.46	0.29	0.60	0.88	0.37
2016-IP1	0.00	0.52	0.27	0.63	0.18
2016-IP2	0.07	0.10	0.44	0.30	0.23
2016-IP3	0.19	0.19	0.19	0.26	0.23
2016-IP4	0.09	0.12	0.10	0.14	0.45
2016-IP5	0.47	0.29	0.59	0.89	0.36
2017-IP1	0.00	0.54	0.27	0.65	0.19
2017-IP2	0.07	0.11	0.46	0.33	0.23
2017-IP3	0.20	0.20	0.20	0.26	0.23
2017-IP4	0.10	0.13	0.11	0.15	0.45
2017-IP5	0.48	0.31	0.62	0.27	0.40
2018-IP1	0.00	0.52	0.29	0.46	0.18
2018-IP2	0.09	0.11	0.42	0.35	0.17
2018-IP3	0.21	0.21	0.22	0.24	0.18

续表

	中国	美国	日本	韩国	俄罗斯
2018-IP4	0.11	0.12	0.10	0.16	0.35
2018-IP5	0.53	0.32	0.56	0.90	0.77
2019-IP1	0.00	0.38	0.25	0.44	0.22
2019-IP2	0.07	0.10	0.36	0.37	0.11
2019-IP3	0.23	0.19	0.20	0.24	0.14
2019-IP4	0.10	0.12	0.10	0.15	0.34
2019-IP5	0.62	0.29	0.51	0.87	0.69
2020-IP1	0.00	0.30	0.25	0.44	0.20
2020-IP2	0.07	0.09	0.33	0.34	0.10
2020-IP3	0.22	0.22	0.20	0.26	0.14
2020-IP4	0.10	0.13	0.10	0.15	0.31
2020-IP5	0.63	0.27	0.56	0.82	0.64
2021-IP1	0.00	0.38	0.43	0.47	0.21
2021-IP2	0.10	0.10	0.41	0.39	0.12
2021-IP3	0.27	0.21	0.21	0.25	0.15
2021-IP4	0.11	0.13	0.12	0.17	0.35
2021-IP5	0.90	0.30	0.58	0.89	0.73

注：IP1：资源型产业；IP2：劳动密集型产业；IP3：资本密集型产业 IP4：知识密集型产业；IP5：服务业。

资料来源：笔者根据 ADB 数据计算所得。

从表5-3可以看出，2012~2021年，各个国家的不同产业在全球价值链中的地位存在很大差别。分国别来看，2021年，中国的服务业产业和资本密集型产业在全球价值链中的地位最高，知识密集型和资源型产业在全球价值链中的地位最低，说明中国在知识密集型产业和资源型产业方面没有生产优势；韩国的资源型产业在全球价值链中的地位最高；日本的劳动密集型产业在全球价值链中的地位最高；俄罗斯的知识密集型产业在全球价值链中的地位最高。

二、东北亚经贸动向对中国产业链安全的影响
——基于日本产业链重构对中国影响的视角

中日两国在东北亚地区乃至全球都扮演着重要角色，两国间的经贸关系尤为紧密。新冠疫情的全球蔓延加速了国际局势的变革，增加了不确定性。因此，日本更加重视经济安全和供应链安全，并将其提升到国家战略的高度。

（一）日本产业链政策调整及产业链重构

为应对全球经济格局的大调整，捍卫供应链安全，日韩等东北亚国家加快调整对外经济战略和产业发展政策，形成以本国为中心的生产链。

作为东北亚大国，日本产业链政策调整的主要举措体现在七个方面：①国内投资促进项目补贴计划。截至 2021 年 5 月，已公布四批项目，合计补贴总额 5297 亿日元。②支持在东盟国家的海外供应链提供多元化项目。主要用于支持日本企业在东盟国家引进设备、示范测试和企业化研究。截至 2021 年 6 月，已完成四次公开招标，在东南亚获得支持的日本企业主要集中在越南和泰国。③实施"后疫情增长基金"。日本内阁决定采取规模 73.6 万亿日元的新的经济刺激措施。日本国际协力银行成立并启动了"后疫情增长基金"，旨在实现经济结构的转型和良性循环。④实施半导体促进战略。通过金融、税制及制度层面的全方位支援，促进厂商扩大业务和开发半导体尖端技术，减少日本对外国制造商的依赖。⑤增强制造业的韧性、绿色和数字化。⑥制定和实施新一代产业政策。聚焦解决新的全球性问题，如健康、人权、安全、韧性和全球变暖等，实现更广泛的公共目标，如纠正不平等、在卫生健康方面实现安全保障、在紧张的国际形势下实现经济安全，以及为大流行病和自然灾害等意外冲击做好准备等。⑦构建新冠疫情后的贸易政策。更加强调政府作用、经济安全、业务数字化以及建立新的基于规则的国际贸易体系。从以上政策举措可以看出，在供应链布局、产业和技术保护等方面，日本从经济安全角度来制定和

实施政策措施的趋势越来越明显。在日本政府政策的推动下，日本产业链布局正在发生如下调整趋势：

1. 以分散化增强产业链柔韧性

在当前全球产业链的变革背景下，分散化和多元化布局成为提高产业链柔韧性的重要策略。新冠疫情期间，全球产业链因中间产品贸易的中断而受到严重冲击，这引发了各国对全球供应链脆弱性的担忧。为了增加对产业链断裂风险的抵御能力，一些国家和企业正在重新考虑其产业链布局。在这一背景下，日本的跨国公司可能会在多个区域寻找可替代供应商，降低经济风险。这不仅包括在国际市场上寻找新的合作伙伴，还可能涉及在国内建设更为独立和自给自足的产业链，以确保在突发事件发生时能够更好地维持生产和供应。通过分散化和多元化布局，企业可以在不同地区建立生产基地，降低对特定地区的依赖性。这种策略使得企业能够更好地分摊风险，提高对突发事件的应对能力。例如，当某一地区受到灾害或其他不可预测的事件影响时，其他地区的生产基地可以弥补损失，确保产能的连续性。此外，分散化布局还有助于降低对特定国家或地区政治、贸易等因素的风险。

2. 以本土化、短链化提升产业链自主可控性

鼓励产业回归本土正在成为日本的重要政策导向。本土化的目的在于保障国家产业链的安全性。鉴于当前全球产业链的脆弱性表现，未来的全球产业链将表现出内向化发展趋势。跨国公司倾向于放弃传统的考虑，如成本与利润，而将供应链配置的首要标准转向在本国或可控性高的区域建立稳定供应，这体现在跨国公司更注重确保整个供应链的安全可控性，而非仅关注于产业链的特定环节。这种逆产品内分工的纵向一体化倾向，可能并不符合比较优势和规模经济原则，但却符合缩短供应链、保障关键核心环节的应急响应能力、提高供应链自主性和可控性的要求。

3. 以集群化布局平衡效率与安全

为了在经济效率和经济安全之间找到平衡，跨国公司可能会将产业链的纵向分工安排在专业化的产业集群中，或采取纵向非一体化的形式，将不同生产工序和环节分配给集群内的不同企业完成。这种策略旨在最大程度上避免全球供应链的收缩对经济效率造成的损失，同时确保在竞争中获得分工的好处，形成全球供

应链纵向分工缩短、横向集聚的产业链集群化发展态势。产业链集群化的优势在于能够形成紧密的生态系统，通过集聚在特定地区的企业，形成相对密集的产业群体，使得各个环节之间的协同更加顺畅。这种集群化布局不仅有助于提高经济效率，还能够在产业链内部形成更为紧密的协作关系，促进技术创新和经验共享。此外，这种开放式产业链集群还可以在关键区域周边构建具有协同性、辅助性和可替代性的产业体系，形成水平分工和垂直整合的开放性产业链集群。这种模式有助于实现效率与安全的双重目标，使得产业链更具韧性，更能够适应外部环境的变化。

4. 以数字技术加强对产业链分散节点的有效控制

新技术革命以数字化、信息化和智能化技术为基础，以可重构生产系统的个性化制造和快速市场反应为特点，带来了深刻的技术经济范式变革。据IDC 预测，到 2023 年底，全球制造业中将有一半的供应链环节投资于人工智能。通过应用大数据，可以在应急管理的不同阶段实现供应链的端到端可预测、可视化、可共享，从而提升产业链的问题识别和应急互助能力。这将有助于协调不同地区的产能和储备调度，确保产业链在正常和异常情况下都能平稳运行。

受行业特定因素的影响，跨国公司协调和控制其国际生产网络的方式有着重大差异，主要体现为高技术密集型产业链的内向化治理和低技术密集型产业链的数字化治理。当前，在食品饮料、纺织服装、家具、造纸等轻纺制造类低技术产业，以及金属制品、石油加工、橡胶塑料等资源加工类中低技术行业，借助数字化平台对分散供应商进行集中协调的趋势将表现得尤为明显。

从产业表现看，日本不同产业链的重构将呈现不同的特征。日本农业等资源型产业国际生产布局的调整趋势表现为区域化。在农业领域，日本正在努力减少对外依赖，追求更可持续的区域采购模式。日本推行的绿色可持续发展政策，也为初级产业的区域化发展提供了动力，向区域价值链的转变表现为明显缩短了供应距离，减少了半成品长途运输对环境造成的不利影响。劳动密集型制造业国际生产布局的调整趋势主要表现为分散化，在纺织、服装、木材和造纸等低技术水平制造业，劳动力成本差异仍是关键的竞争因素，受经济和技术可行性影响，这些行业在未来一段时间内会继续维持其复杂的国际生产网络，并利用数字化技术加强协调和控制以实现分散化发展。资本密集型制造业国际生产布局的调整趋势主要表现为区域化，尤其是石油加工、橡胶塑料、非金属矿物及金属制品业等与当地原材料有紧密联系的加工业，其国际生产布局调整趋势为进一步加强生产的区域化。知识密集型制造业国际生产布局的调整趋势表现为本土化。机械制造业、电气和电子机械器材制造业以及交通运输设备制造业等知识密集型制造业本土化趋势将非常明显。在服务业国际生产布局调整趋势中，高附加值服务业表现为分散化，低附加值服务业则表现为本土化。

（二）日本产业链重构对中国产业链安全的影响

日本产业链布局调整的动向，必将牵一发而动全身，对已深度嵌入东亚生产网络和全球产业链体系的中国产业链供应链安全带来深远影响，主要表现在：①一些产业日企撤资风险较大。这些产业部门包括日本政府鼓励回流本土的产业（生物医药、医疗卫生用品、粮食、能源、军工等紧急状态下的重要行业以及电信设备、汽车、半导体、芯片、服务器集成电路、人工智能等长供应链行业）、受其他国家优惠政策吸引的一般制造业转移的关税压力流向墨西哥等成本洼地的低端制造业、由日企主动推行产业链再布局的产业。其中高撤资风险的产业部门，主要涉及医药制造、电气机械、交通运输设备等产业。②降低中日贸易规模和改变贸易结构。日本产业链向本土和东南亚地区的迁移，主要涉及电子设备零件、化学原料、通用及专业设备、电子计算机整机、通信终端设备制造、交通运输设备和零件制造、电气机械和器材、纺织服装产业。③一些行业技术获取更为困难。在半导体芯片、电子、通信、生物医药、新能源汽车、精密仪器、专用设备、汽车发动机、飞机制造等新兴制造业领域，我国企业比较依赖上游环节日企的高端研发和核心零部件，面临的技术封锁和产业链低端锁定风险较大。

分产业看，中国不同行业遭受的冲击程度不同（见表5-4）。中国受负面影响较大的产业，大多是中国对日本依赖度相对较高且日本国际生产布局朝着短链化调整的产业，尤其是知识密集型制造业、资本密集型制造业。

表 5-4　日本产业链调整对中国产业链供应链安全的影响

产业类型		中国对日本经济依赖度		日本产业链调整趋势		对中国产业链安全的影响	
		贸易	投资	长度	增加值分布	影响方向	影响程度
资源型产业	C1	低	低	−	−	负面	小
	C2	低	低	−	−	负面	小
劳动密集型制造业	C3	低	高	−	−	负面	大
	C4	低	低	+	+	正面	小
	C5	低	低	+	+	正面	小
	C6	低	低	+	+	正面	小
	C7	低	低	+	+	正面	小
资本密集型制造业	C8	低	低	−	−	负面	小
	C9	低	高	−	+	负面	大
	C10	低	低	−	−	负面	小
	C11	低	低	−	−	负面	小
	C12	低	高	−	−	负面	大
知识密集型制造业	C13	高	高	−	+	负面	大
	C14	高	高	−	+	负面	大
	C15	低	高	−	+	负面	大
	C16	低	/	−	+	负面	小
服务业	C17	/	/	+	+	正面	/
	C18	低	低	+	+	正面	小
	C19	低	低	−	+	负面	小
	C20			−	+	负面	小
	C21			−	+	负面	小
	C22	/	/	+	+	正面	/
	C23	低	低	−	+	负面	小
	C24			−	+	负面	小
	C25			−	+	负面	小
	C26			−	+	负面	小
	C27		低	−	+	负面	小
	C28	低	高	+	+	正面	大
	C29	/	低	+	+	正面	小
	C30	低	/	+	+	正面	小

产业类型		中国对日本经济依赖度		日本产业链调整趋势		对中国产业链安全的影响	
		贸易	投资	长度	增加值分布	影响方向	影响程度
服务业	C31	/	/	+	+	正面	/
	C32	低	/	+	+	正面	小
	C33			+	+	正面	小
	C34			+	+	正面	小
	C35	/	/	+	+	正面	

注：中国对日本的经济依赖程度根据 ADB 数据计算所得，值大于 1 则认为依赖度高，小于 1 则认为依赖度低；"−"表示全球价值链的长度缩短或增加值的地理分布更加分散，"+"表示全球价值链的长度增加或增加值的地理分布更加集中；对中国产业链安全的影响根据依赖度和产业链调整趋势综合预判得出；"/"表示缺失值。资源型产业：c1：农林牧渔业；c2：采掘业。劳动密集型制造业：c3：食品、饮料制造和烟草业；c4：纺织品制造业；c5：皮革、鞋类制造业；c6：木材、软木制品业；c7：造纸、印刷业。资本密集型制造业：c8：石油加工、炼焦及核燃料加工业；c9：化学原料及化学制品制造业；c10：橡胶、塑料制品业；c11：非金属矿物制品业；c12：金属制品业。知识密集型制造：c13：机械制造业；c14：电气和电子机械器材制造业；c15：交通运输设备制造业；c16：其他制造业。服务业：c17：电、气、水供应；c18：建筑业；c19：汽车以及摩托车的销售、维修、保养，燃油零售；c20：除机动车、摩托车以外的批发贸易和委托贸易；c21：除机动车、摩托车以外的零售贸易，家居用品修理；c22：酒店和餐饮业；c23：内陆运输；c24：水路运输；c25：航空运输；c26：其他辅助运输活动，旅行社的活动；c27：邮电业；c28：金融中介；c29：房地产业；c30：机电设备租赁以及其他商业活动；c31：公共管理和国防，强制性社会保障；c32：教育；c33：卫生和社会工作；c34：其他社区、社会和个人服务；c35：家庭服务业。

资料来源：笔者自行整理。

中国资源型产业遭受负面影响，但鉴于中国在资源型产业对日本的贸易依赖度和投资依赖度都比较低，因此日本的产业链调整对中国产业链安全的影响程度较小。

在劳动密集型制造业，日本产业链调整对中国带来正面影响，尽管影响程度较小。日本在纺织品、皮革鞋类、木材和软木制品以及造纸和印刷业等劳动密集型制造业的价值链变长，有利于中国深度参与全球和区域价值链。这些行业主要和劳动力成本有关，中国相对日本拥有比较优势，同时，增加值的地理分布也更加集中，为中国提升全球价值链地位提供了机会。

在资本密集型制造业，所有行业价值链的长度趋于缩短，会对中国产业链安全造成负面影响。其中，在化学原料及化学制品制造业和金属制品制造业，中国对日本的投资依赖度较大。在橡胶、塑料制品业及非金属矿物制品业，中国对日本经济依赖度低，其负面影响程度相应较小。

在知识密集型制造业，中国对日本贸易依赖度和投资依赖度整体偏高，且日本产业布局调整呈现短链化和增加值集中化趋势。日本在知识密集型制造业的布局调整将对中国高技术制造业发展带来严峻挑战。

在服务业，不同细分行业所受影响的方向差异化较为明显，负面影响和正面影响的行业都很多，但总体受影响程度很小。在批发、零售和维修服务业以及运输、通信服务业，价值链趋向缩短会对中国产业造成负面影响。其余行业价值链长度趋于增加则会带来积极影响，其中，中国在金融服务业对日本投资依赖度高，会对中国带来大的正向影响。总体而言，由于中国在服务业对日本经济依赖度较低，日本产业布局调整对中国造成的影响都不会很大。

三、中国产业链供应链的新对策

中国产业链、供应链正面临全球产业链快速演变的挑战，为更好地适应新形势，中国企业可以采取以下新对策：

1. 打造区域产业集群

迅速实施国家战略，如京津冀、长江经济带、粤港澳大湾区，专注打造世界级产业集群。通过深化产业合作、加强基础设施建设和优化资源配置，京津冀协同发展助力这一区域形成了世界级的产业集群。例如，在这个过程中，北京致力于高端科技和文化创意产业，天津专注于制造业和物流，而河北则发展现代农业和新兴产业，形成了互补性的产业布局。类似的，长江经济带和粤港澳大湾区也在推动区域产业集群的国家战略中发挥着关键作用。长江经济带致力于发展制造业、服务业和现代物流，通过加强各城市之间的合作，形成更为紧密的产业链。粤港澳大湾区则侧重于打造一个国际化的创新科技中心，通过强化产业互联互通，实现了这一地区的高效协同发展。通过集群化发展，可以促进企业之间的合作与协同，推动产业链的完善和升级。在高新技术产业、装备制造、新材料等领域，可以共同建设研发中心、生产基地和配套设施，提高整个区域的产业竞争力。打造区域产业集群有助于整合区域内的资源，提高产业附加值，吸引全球投资和人才，推动中国经济向更高水平迈进。通过打造区域产业集群，中国不仅在国内实现了各地优势互补，也在国际上取得了更为显著的竞争优势。

2. 加快推进产业链升级

首先，以技术创新为引擎，推动产业链的前瞻性发展。通过设定高标准的技术规范，鼓励企业投入更多研发资源，实现产业链各环节的技术飞跃。这不仅将提高整个产业链的竞争力，更将推动我国在关键领域取得全球领先地位。其次，着眼于提升产业链核心企业的整体实力。通过支持核心企业的技术创新、管理创新和人才培养，将其打造成为全球产业链中不可或缺的支柱。这有助于推动整个产业链的协同升级，实现优胜劣汰，确保核心竞争力的持续领先。在推进产业链升级的同时，更要注重数字化和智能化的融合。通过推崇先进的信息技术和人工智能，实现产业链的数字化转型，提高生产效率和灵活性。此外，注重产业链的生态环境，推动绿色可持续发展。通过制定和执行严格的环保政策，引导企业实现绿色生产，减少资源浪费，提高能源利用效率。这将有助于提升整个产业链的社会责任感，使其更好地适应国际市场对环保和可持续发展的需求。

3. 构建产业链安全防控体系

在构建坚固的区域产业集群时，时刻关注产业链的安全性和稳定性，以有效应对多方位的潜在风险，确保产业链的平稳运行。制定一份全面的风险管理计划，系统性考虑市场风险、供应链风险、政策风险等多个层面。通过定期的风险评估，了解并针对各类潜在风险做出应对，确保产业链运作的可持续性。第一，注重多元化供应链布局。在打造区域产业集群的进程中，积极与不同地区的企业建立合作关系，降低特定区域或企业的依赖性，以确保供应链的多样性和韧性。第二，加强信息技术安全。通过引入尖端的信息技术，建立一个健全的信息技术安全体系，包括数据的加密、网络监控等手段，以提高信息安全水平，有效防范信息泄露风险。第三，建立应急响应机制。制定完善的应急响应计划，包括建设应急库存和设立应急响应小组，在面对突发事件时快速做出反应，降低损失。第四，加强与政府的沟通与合作。积极与政府沟通，确保企业在国际市场运作中符合相关法规和国际贸易规定。

4. 调整利用外资模式

为应对不断变化的国际经济环境，需要调整和优化我国的外资利用模式，更好地适应全球产业链的演变。这一调整的关键在于实现既促外资增量、又稳外资存量的目标。首先，坚定不移地推动开放战略。通过深化改革、简化管理程序，提高外商投资便利化水平，积极创造更加公平、透明、可预期的营商环境。这不仅有助于吸引更多外资流入，也能够提升我国在全球产业链中的竞争地位。其次，着力构建高水平开放型经济新体制。加快自由贸易试验区和自由贸易港建设，培育更多对外开放的新高地，推动我国与国际市场的融通。这将有助于形成更加广泛的国际产业合作，为我国企业提供更多发展机遇。再次，调整利用外资的发展模式。注重提高外资的质量，将政策重点转向"引资补链""引资扩链""引资强链"。通过更加智能、高效的招商引资方式，鼓励外资更多涉足高附加值产业，加速技术创新和管理经验的引进，从而提升我国产业链的整体水平。最后，注重维护国际投资的稳定性。在全球经济动荡的情况下，加强与各国的协调与沟通，以提高投资的可预测性，防范外资的撤离风险，维护国际投资的稳定和持续。这一系列调整将有助于更好地引导外资融入我国的产业体系，为我国经济的高质量发展提供坚实的外部支持。

5. 实施新一轮"走出去"战略

在全球产业链不断演变的大背景下，我国必须深入实施新一轮"走出去"战略，以拓展国际市场份额、提升产业链地位为目标，促进我国企业在全球范围内更有影响力地参与竞争。首先，积极搭建多边合作平台。参与国际组织、加强与各国的双边协作，可以帮助我国企业更好地融入国际体系，分享全球创新资源，共同应对全球性挑战。这不仅有助于推动我国企业更好地"走出去"，也将为全球产业链的协同发展提供更强有力的支持。其次，注重技术和人才的引进。实施"走出去"战略并非简单的市场扩张，更需要技术的支撑和高素质人才的支持。通过引进国际先进技术和管理经验，我国企业将更好地适应全球市场的需求，提高竞争力。再次，建设更为智能的全球供应链网络。通过整合全球资源，建设数字化、智能化的供应链体系，我国企业将更加高效地进行全球生产和物流协同。这不仅有助于提高产业链的运作效率，也将进一步提升我国企业在全球价值链中的地位。最后，强化风险防范和可持续发展。实施"走出去"战略不仅要追求短期的市场收益，更需要考虑到长期的可持续发展。因此，在拓展海外市场的同时，注重风险防范，合理规划企业的全球布局，确保企业能够稳健、可持续地"走出去"。这一系列措施的实施将促使我国企业更加有序地融入全球产业链，实现更高水平的国际化发展，为我国经济的全球性影响力提供强大的支撑。

第六章

总结与展望

中国与东北亚五国的经贸合作具有以下特点：

1. 中国与东北亚其他国家的贸易互补性较强

中国是东北亚地区最大的经济体，拥有庞大的市场和强大的制造业能力。与此同时，东北亚其他国家如日本、韩国和俄罗斯等也具有各自的特色和竞争优势。这使得中国与这些国家之间存在较强的贸易互补性。首先，中国是东北亚地区的主要消费市场。中国庞大的人口基数和不断增长的中产阶级消费群体，为东北亚其他国家的出口创造了巨大的市场需求。东北亚国家的优质消费品和制造业产品在中国市场上受到广泛欢迎。其次，东北亚其他国家在高端技术和创新领域具有竞争优势。日本、韩国等国家在汽车、电子产品、航空航天、机械制造等领域具有世界领先的技术和品牌优势。通过与这些国家的合作，中国可以获取先进技术和创新资源，提升自身产业竞争力。此外，中国、日本和韩国在制成品出口方面相对发达，彼此间还能提供劳动力和科学技术等生产要素。这种互补性不仅为东北亚国家的经济发展提供了相互支持，还成为推动进出口贸易的重要动力。这意味着各国在经济合作中可以互相弥补不足，共同分享发展成果。这种协同作用不仅促进了地区内部的产业链深度融合，也为整个东北亚地区的经济繁荣创造了动力源。俄罗斯和蒙古国在农产品、能源和原材料等方面也具有一定的优势。中国作为世界最大的商品贸易国之一，需要大量进口农产品、能源和原材料，俄罗斯和蒙古国则可以提供这些资源，满足中国市场的需求。

贸易互补性的存在为中国与东北亚其他国家的经济合作提供了广阔的空间。通过加强贸易往来和经济合作，各国可以充分利用各自的优势，实现资源的优化配置，推动产业升级和经济发展。但贸易互补性的发展也需要各国之间的互信和合作。通过建立更加开放、透明和稳定的贸易环境，加强经贸合作机制的建设，进一步深化区域间的贸易关系，可以为中国与东北亚其他国家的经济发展带来更多的机遇和共同繁荣。

2. 中国与东北亚五国的投资合作具有潜力

中国和日本是东北亚地区最大的两个经济体，两国在贸易和投资方面一直保持着紧密联系。中国对日本的投资涵盖了各个领域，包括制造业、汽车、电子、金融等。随着两国经济关系的不断深化，中国与日本的投资合作仍然具有潜力。中国与韩国在投资领域有着广泛的合作，特别是在电子、汽车、航空航天等高科技领域。中国企业在韩国设立工厂和研发中心，与韩国企业合作开展创新项目，共同推动两国经济的发展。中国和俄罗斯是全面战略协作伙伴关系，中国在俄罗斯的投资涵盖了能源、基础设施、制造业等多个领域。中俄两国在"一带一路"倡议框架下的合作也为双方的投资合作提供了新的机遇。中国与蒙古国是传统友好邻邦，两国之间的经济合作也在不断扩大。中国在蒙古国的投资主要涉及矿业、能源、基础设施建设和农业等领域。随着"一带一路"倡议的推进和中蒙关系的进一步深化，中国对蒙古国的投资合作潜力仍然很大。

3. 东北亚地区产业链供应链需要调整重构

由于全球贸易形势的变化和国际经济格局的调整，东北亚地区的供应链发生了调整。一些制造业企业将生产基地从中国转移到了其他国家或地区，以寻求更低成本的生产环境。这导致了东北亚地区的供应链重组和重新配置。另外，随着科技的不断进步和创新的推动，东北亚地区的产业链逐渐向高技术领域迈进。许多企业加大了对研发和创新的投入，推动了产业升级和转型。特别是在人工智能、大数据、云计算等领域，东北亚地区的企业正在积极探索新的产业链合作模式。并且，在全球环境意识的增强和可持续发展的倡导下，东北亚地区的产业链也越来越注重绿色和环保因素。许多企业开始采取更环保的生产方式，提高资源利用效率，推动循环经济的发展。在电动车、可再生能源等领域，东北亚地区的产业链正逐渐向绿色方向转变。同时，随着数字化和互联网技术的快速发展，东北亚地区的产业链也面临着数字化转型的挑战和机遇。数字经济的兴起改变了传统产业链的模式，推动了跨界融合和创新。各国在电子商务、物联网、人工智能等领域的合作越来越紧密，促进了产业链的发展和变革。

供应链方面，东北亚地区的制造业正逐渐从传统的劳动密集型产业向高附加值领域转型。在技术创新和品牌建设方面取得了一些突破。例如，智能制造、高端装备制造、新材料等领域的发展，推动了产业链的升级和转型。

总体来说，东北亚地区的产业链正朝着数字化、智能化、绿色可持续和区域整合的方向发展。各国间的合作和创新将继续推动产业链的变化和提升，为地区的经济发展带来新的机遇和挑战。

4. 东北亚地区合作机制并不健全

东北亚地区的国家之间存在着复杂的历史和政治问题，包括领土争端、历史纷争等。这些问题使得国家之间的信任度下降，建立高效的合作机制变得更加困难。政治复杂性可能导致国家在一些敏感问题上难以达成一致，制约了区域内整体合作的深度和广度。一些国家之间存在政治分歧和安全顾虑，直接影响到合作机制的建立和运作。政治分歧可能导致国家在多边合作机制中难以形成统一战线，而安全问题可能导致一些国家更加谨慎，不愿意在合作中分享关键信息和资源。这些不确定性因素使得国家更关注自身安全问题，相对而言在经济合作上可能显得更为保守。安全形势的不稳定使得国家更加注重独立安全，而不是整体地区安全的合作。另外，相较于其他地区，东北亚地区缺乏类似欧盟、东盟这样强有力的区域性组织，这使得在整个地区范围内建立起高效的合作机制变得更为艰难。没有一个统一的平台来推动经济、政治、文化等多领域的合作，国家之间很难形成有力的共识和协作。

尽管东北亚国家合作机制存在挑战，但也不能忽视一些积极的努力和合作机制的存在。例如，中国提出的"一带一路"倡议和东盟国家之间的区域全面经济伙伴关系协定（RCEP）等合作机制为东北亚地区的合作提供了新机遇。

为进一步加强东北亚国家的合作，各国需要加强政治互信、通过对话解决争议、加强经济合作和人文交流，推动建立更加健全和有效的合作机制，以促进东北亚地区的和平与繁荣。

5. 东北亚国家经济发展与合作不够平衡

东北亚地区的国家经济发展水平存在差异。中国、日本和韩国等国家在经济规模和产业实力方面相对较强，而朝鲜、蒙古国和俄罗斯等国家则相对较弱。这种经济发展水平的不平衡导致了合作中的一些问题，包括技术差距、市场规模差异以及资源和资金分配不均等。东北亚国家在资源和市场方面的分布也不均衡。中国作为东北亚地区最大的经济体，拥有庞大的市场和资源优势，而其他国家则相对较小。这种不对称使得在合作中存在一定的利益分配和竞争关系。

此外，中国在推动东北亚地区经济一体化方面扮演着至关重要的角色。近年来，中国与日本、韩国、俄罗斯等多个国家的双边经贸关系呈现出活跃态势，尤其是中韩、中日之间的双边贸易每年都有 6000 亿美元左右的规模。中俄之间的贸易也呈现出较明显的增长趋势，但目前这两国的贸易主要由政府间的大型项目推动，亟须改善投资环境，以吸引更广泛的市场主体参与。尽管日韩也希望扩大与俄罗斯的贸易规模，但由于受到西方国家的制裁，且俄罗斯远东地区人口密度较低、市场价值相对不高等因素的影响，导致双边经贸规模提升受到一定限制。朝鲜受到国际制裁的制约，对外贸易急剧下降，与东北亚地区的贸易几近停滞。

总的来说，东北亚区域内的贸易合作具有贸易快速发展、贸易水平差距较大，垂直贸易和水平贸易共存、互补程度较高，地方性合作程度较高等特点。也存在贸易不平衡、贸易壁垒、贸易逆差过大、贸易制度不健全、通道不畅以及政治安全制约等诸多问题。但未来东北亚区域合作仍将长期以经贸合作为主，并在多层级次区域合作方面不断深化，在合作方式上由双边向多边合作发展、由单一经贸合作扩展为多领域合作。

参考文献

［1］白洁，苏庆义．CPTPP 的规则、影响及中国对策：基于和 TPP 对比的分析［J］．国际经济评论，2019（1）：20.

［2］陈佳怡．日本央行公布利率决议：基准利率维持在−0.1%10 年期国债收益率目标维持在 0%附近［EB/OL］．中国证券网，［2022−07−21］，https：//news.cnstock.com/news，bwkx−202207−4925758.htm.

［3］郭宏，伦蕊．新冠肺炎疫情下全球产业链重构趋势及中国应对［J］．中州学刊，2021（1）：8.

［4］郭宏，张嘉斐，郭鑫榆．西方国家经济政策内倾化及其影响［J］．现代国际关系，2021（2）：23−30+66.

［5］李建民．俄罗斯产业政策演化及新冠疫情下的选择［J］．欧亚经济，2020（5）：1−19+125+127.

［6］秦娜．"一带一路"倡议下区域经济面临的发展机遇与挑战［J］．科技经济市场，2022（12）：36−38.

［7］王金波，郑伟．全球数字治理规则的重构与中国因应［J］．国际贸易，2022（8）：11.

［8］王晓红：加入 CPTPP：战略意义，现实差距与政策建议［J］．开放导报，2022（1）：15.